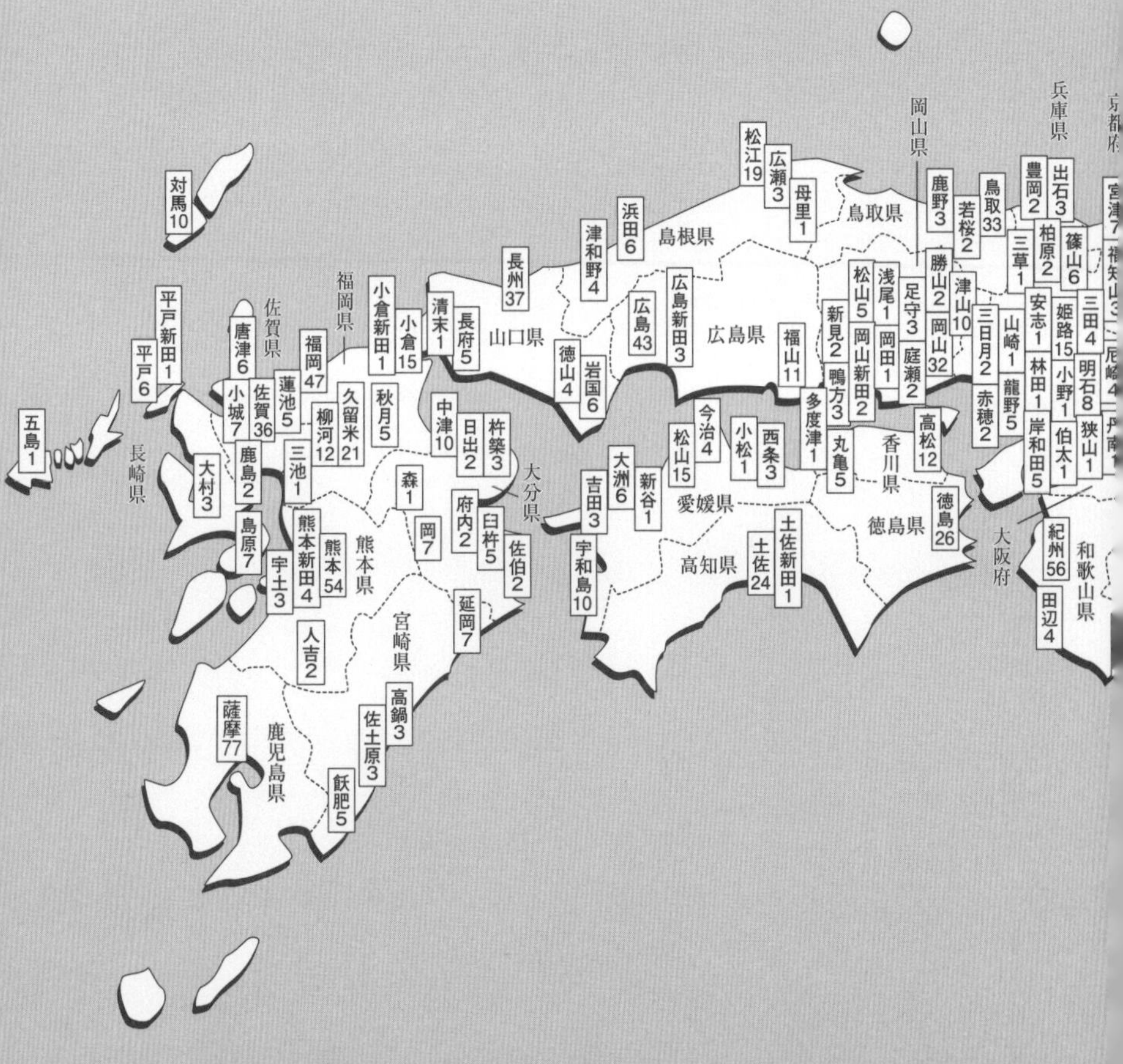

対馬 10
平戸新田 1
平戸 6
五島 1
長崎県
佐賀県
唐津 6
小城 7
佐賀 36
蓮池 5
鹿島 2
大村 3
島原 7
福岡県
福岡 47
柳河 12
久留米 21
三池 1
小倉新田 1
小倉 15
秋月 5
清末 1
長府 5
山口県
長州 37
中津 10
日出 2
杵築 3
大分県
森 1
府内 2
臼杵 5
岡 7
佐伯 2
延岡 7
熊本新田 4
熊本 54
熊本県
宇土 3
人吉 2
宮崎県
高鍋 3
佐土原 3
飫肥 5
薩摩 77
鹿児島県
津和野 4
浜田 6
島根県
徳山 4
岩国 6
広島 43
広島新田 3
広島県
松江 19
広瀬 3
母里 1
鳥取県
福山 11
岡山県
鹿野 3
若桜 2
鳥取 33
新見 2
松山 5
浅尾 1
足守 3
勝山 2
津山 10
岡田 1
岡山新田 2
鴨方 3
庭瀬 2
岡山 32
多度津 1
丸亀 5
香川県
高松 12
今治 4
松山 15
小松 1
西条 3
大洲 6
新谷 1
吉田 3
愛媛県
宇和島 10
高知県
土佐 24
土佐新田 1
徳島県
徳島 26
三日月 2
山崎 1
赤穂 2
龍野 5
兵庫県
豊岡 2
出石 3
三草 1
柏原 2
篠山 6
安志 1
姫路 15
三田 4
林田 1
小野 1
明石 8
岸和田 5
伯太 1
狭山 1
大阪府
紀州 56
和歌山県
田辺 4

シリーズ藩物語

常松隆嗣……著

淀藩

現代書館

プロローグ
淀藩物語

「淀」と聞いて、この町がどこに所在し、どのような町かをすぐに答えられる人は少ないだろう。江戸時代の城下町はたいてい、姫路や彦根のように行政区分からいえば「市」となって、現在でも地域経済の中心地、地域の歴史的核となっている場合が多い。しかし、淀の場合は「京都市伏見区淀」というように、行政区画からいえば単に「町」でしかない。近畿地方では彦根藩三十五万石は別格として、大和郡山藩・姫路藩の十五万石に次ぐ、十万二千石の石高を淀藩は有しながら、京都市の一部でしかないという現状が世間の認知度を下げているのだろう。

しかし、淀は古代から多くの文献にその名があらわれ、水陸交通の要所、戦略上の要所として重要視されてきた。それは豊臣秀吉がこの地に城を築いたことからも想像できるだろう。江戸時代に入ると二代将軍徳川秀忠の命により、松平定綱が強固な城郭と城下町とを築いた。そこには大坂と京都とを結ぶ京街道が通っていたことから、宿場町が置かれ、にぎわいをみせた。松平氏以後は永井氏、石

藩という公国

江戸時代、日本には千に近い独立公国があった

江戸時代。徳川将軍家の下に、全国に三百諸侯《しょこう》★の大名家があった。ほかに寺領や社領、知行所《ちぎょうしょ》★をもつ旗本領《はたもとりょう》などを加えると数え切れないほどの独立公国があった。そのうち諸侯を何々家《け》家中《かちゅう》と称していた。家中は主君を中心に家臣が忠誠を誓い、強い連帯感で結びついていた。家臣の下には足軽《あしがる》層《そう》★がおり、全体の軍事力の維持と領民の統制をしていたのである。その家中を藩と後世の史家は呼んだ。

江戸時代に何々藩と公称することはまれで、明治以降の使用が多い。それは近代からみた江戸時代の大名の領域や支配機構を総称する歴史用語として使われた。その独立公国たる藩にはそれぞれ個性的な藩風《はんぷう》と自立した政治・経済・文化があった。幕藩体制とは歴史学者伊東多三郎《いとうたさぶろう》★氏の視点だが、まさに将軍家の諸侯の統制と各藩の地方分権が巧く組み合わされていた、連邦でもない奇妙な封建的国家体制であった。

今日に生き続ける藩意識

明治維新から百四十年以上経っているのに、今

川氏などの譜代大名が続き、三代将軍家光の乳母として有名な春日局を家祖に持つ稲葉氏が享保八年（一七二三）に十万二千石で入封し、定着をみる。一方、領地に目を転じれば、淀藩の領地は城付の領地（淀が位置する山城国内の領地）が二万石と大変少なく、散在していたことが、早い段階から藩財政の窮乏化を招く要因となった。ただ、領地のなかには河内国高安郡（現大阪府八尾市）のように木綿生産が盛んな地域もあったことから、こうした商品作物生産は藩財政の一助となったことだろう。また、藩士と領民というと支配する側とされる側という対立構造を思い浮かべるが、決してそれだけではない温かな交流も見ることができる。

時代は流れ、幕末になると淀藩は否応なく歴史の表舞台に登場する。藩主稲葉正邦が老中として幕政に奔走していたことに加え、鳥羽伏見の戦いにおいて主戦場の一つとなったからである。藩主不在のなか、留守を預かる藩士たちは旧幕府軍・新政府軍の間で起こった戦闘に関して、かなり高度な政治判断を迫られることになる。

本書ではこれらの点について各章において詳述している。「淀藩とはどのような藩か」という読者の疑問に答えるべく、さっそく「淀藩物語」を始めることにしよう。

でも日本人に藩意識があるのはなぜだろうか。明治四年（一八七一）七月、明治新政府は廃藩置県《はいはんちけん》★を断行した。県を置いて、支配機構を変革し、今までの藩意識を改めようとしたのである。ところが、今でも、「あの人は薩摩藩の出身だ」とか、「我らは会津藩の出身だ」と言う。それは侍出身だけでなく、藩領出身も指しており、藩意識が県民意識をうわまわっているところさえある。むしろ、今でも藩対抗の意識が地方の歴史文化を動かしている。そう考えると、江戸時代に育まれた藩民意識が現代人にどのような影響を与え続けているのかを考える必要があるだろう。それは地方に住む人々の運命共同体としての藩の理性が今でも生きている証拠ではないかと思う。

藩の理性は、藩風とか、藩是《はんぜ》とか、ひいては藩主の家風ともいうべき家訓などで表されていた。

〔稲川明雄（本シリーズ『長岡藩』筆者）〕

諸侯▼江戸時代の大名。

知行所▼江戸時代の旗本が知行として与えられた土地。

足軽層▼足軽・中間・小者など。

伊東多三郎▼近世藩政史研究家。東京大学史料編纂所教授を務めた。

廃藩置県▼幕藩体制を解体する明治政府の政治改革。廃藩により全国は三府三〇二県となった。同年末には統廃合により三府七二県となった。

シリーズ藩物語

淀藩

目次

エピローグ

これも淀

第一章　淀藩の成立

幕府による畿内支配の要地に家門・譜代の大名が次々と入封する。

妙教寺

1 描かれた淀の町

『都名所図会』や『淀川両岸一覧』にも登場する淀の風景。
水に浮かぶかのような白亜の城は当代随一の名城であった。
その風光明媚な様子は外国からの使節の目にも鮮やかに映った。

『名所案内記』に見る淀

「淀《よど》」と聞いてみなさんはどのような風景を思い浮かべるだろうか。現在、京都市伏見区に所在する淀は、日本中央競馬会（ＪＲＡ）の京都競馬場のある所として知られてはいるが、一般の人々にはなじみの薄い土地であることは否めない。しかし古代以来、京都の外港としての役割を担ってきた淀は物流の拠点として、また戦略上の要所としてたびたび、歴史の表舞台に登場する。しかも、江戸時代には「名所の宝庫」でもあった。

江戸時代には神社仏閣への参拝を兼ねた旅行が盛んとなったことから、旅のガイドブックともいうべき、「名所案内記」が各地で出版された。「名所」という語はもともと「などころ」と読み、和歌に詠まれた由緒ある場所という意味であったが、江戸時代には現在われわれが使う意味での「名所・旧跡」を指すようになった。

ここからは淀のことを知るために、主な名所案内記から淀付近の名所について見ていくことにしよう。京都最古の名所案内記は明暦四年（万治元年、一六五八）七月に刊行された『京童』といわれているが、残念ながらこれには淀の記述はない。しかし、翌月に刊行された『洛陽名所集』には絵入りで淀小橋・大橋が描かれ、「此所は都より南三里にて廈屋《かおく》（大きな家）ながくつらなり、広城かこみゆゝしく、にぎにぎしき地也」とあり、短い記述ではあるが淀城下のにぎやかな様子を知ることができる。

こののち、次々と名所案内記が刊行されることになり、正徳元年（一七一一）の『山州名跡志』のように二三カ所も取り上げるものが出てくるなど、名所の数に多寡はあるものの「名所案内記」には必ずといっていいほど淀の名所は取り上げられるようになっていく。たとえば、淀の名物として有名であった水車は延宝七年（一六七九）刊行の『京師巡覧集』に、淀城は正徳元年の『山城名勝志』に、それぞれはじめて登場する。

こうした名所案内記のなかで最も親しまれたのは、安永九年（一七八〇）刊行の『都名所図会』であろう。これはいままでの名所案内記とは異なり、挿絵を鳥瞰図とし、名所の全体像をビジュアル的に表現したことで人気を博した。先行する名所案内記の内容を踏襲しつつも、和歌のなどころや神社仏閣のみならず、地域の風俗・年中行事をはじめ、名物・名産までを網羅しており、以後各地で刊行される『名所図会』のはしりとなった。これには淀の水車が描かれると同時に、朝鮮通信使が上陸するための船着場である「唐人雁木《とうじんがんぎ》」がはじめて取り上げられた。

このほかにも、舟のなかから淀川の両岸を描いた『淀川両岸一覧』では淀の様子が一四頁を割いて描かれており、行きかう舟や淀の水車の風情を楽しむことができると同時に、淀川の流れに沿うように描かれた淀城はまさに〝川のなかに浮かぶ名城〟であったことをよく伝えている。

淀の風光明媚な様子は人々の関心を惹いたようで、名所案内記のような書籍のみでなく、錦絵と呼ばれる多色刷りの版画の素材にも多く取り上げられた。「淀川八幡山勝景」のような錦絵からは淀城の櫓や水車の様子をはじめ、当時の町屋が瓦葺二階建てであったこともわかり、城下町の往時の姿を偲ぶことができる。

ドイツ人の見た淀

こうした淀の風景は多くの人の心に残ったようで、江戸時代の村役人や旅人の日記のなかに淀近辺の名所がしばしば登場する。ここでは、当時を生きた人々が

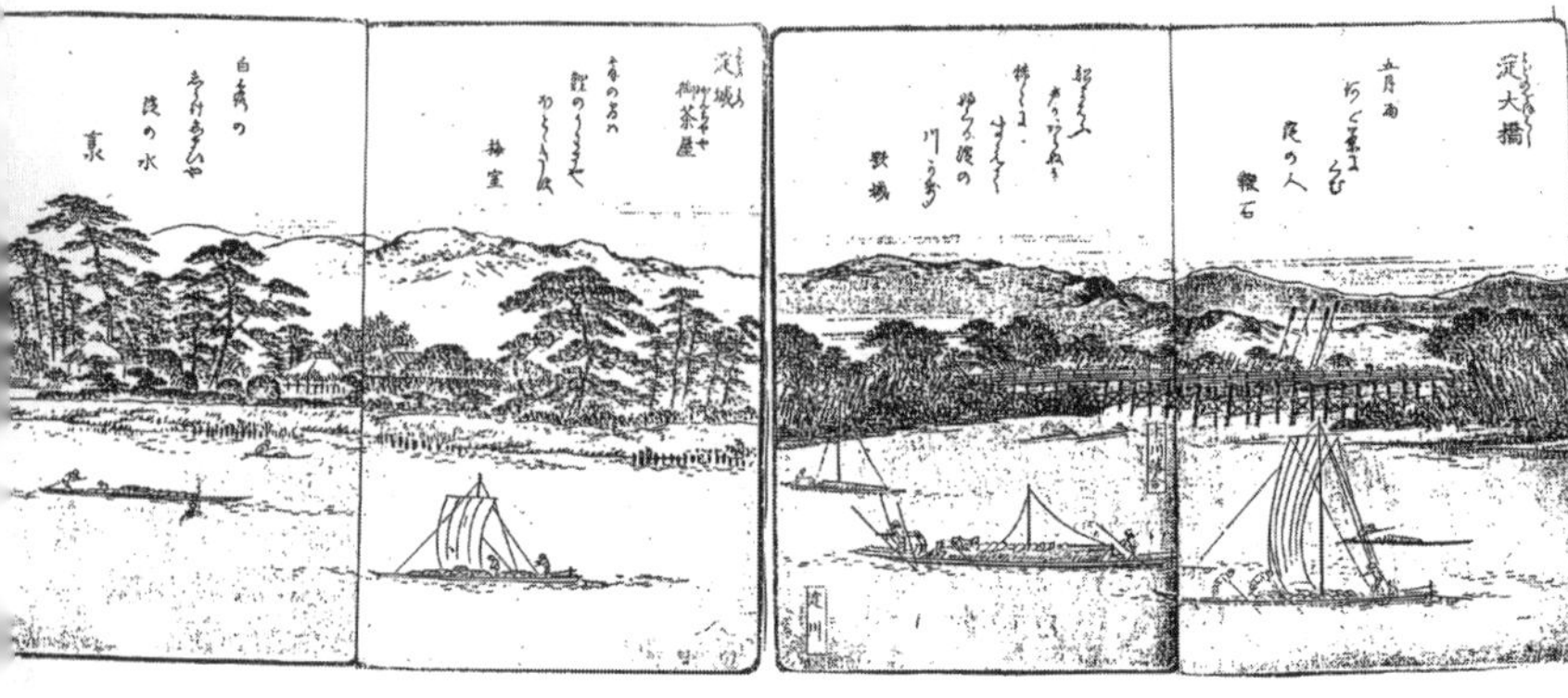

淀の町をどのように見ていたかを知るために、国内外の人物が書き残した日記のなかから、町の様子を見ていくことにしよう。
まずは、ドイツ人医師ケンペルの日記である。ケンペルはオランダ東インド会社の商館長付きの医師として来日し、商館長が江戸に参府するのに付き従い、元禄四年（一六九一）二月二十八日と翌五年三月十八日の二度にわたり淀の町を通った。以下はその時の記述である。

〔元禄四年二月二十八日〕

間もなく、小さいけれど有名な淀の町が続く。町の外まわりにも、町の中にも川が流れている。郭外の町は一筋の街道となり、淀大橋という長さ四〇〇歩で四〇の橋桁のある木造の立派な橋を渡って、われわれは町に着いた。この橋には橋桁と同数の金属の擬宝珠《ぎぼし》を付けた欄干《らんかん》が付いていた。町そのものには簡素な門があり、ちゃんと番人がついていた。この町は快適な環境にあり、家数もかなり多い。通りの数は少ないけれど、東〔西〕、南〔北〕と十字に交わる整然と区切られた道路があり、たくさんの工芸家や手工業者が住んでいる。町の西側にある城は、広い川の真ん中にあり、荒削りの石で堂々と築かれていて、外側の城壁の角と中央には日本の建築法によって建てられた幾層かの白い櫓《やぐら》があり、大へん美しくわれわれの目をひいた。堀をめぐらし石を積上げた外郭の

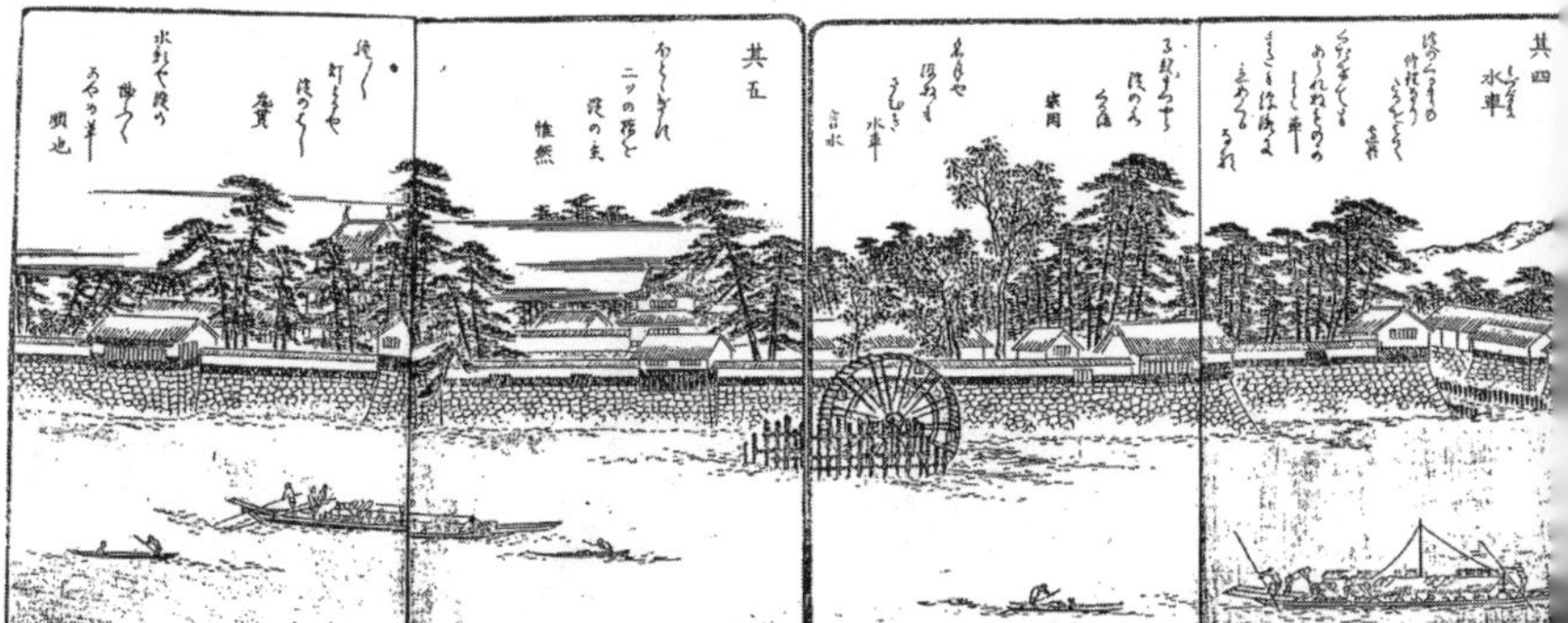

『淀川両岸一覧』に描かれた淀城（財団法人守口文庫蔵）

城壁はずっと町の際まで延びている。城主本多ショウノ（Fondai Sjono）がこの城に住んでいる。

淀を発つと、われわれは再び二〇の橋桁の上に架かっている長さ二〇〇歩の橋を渡り、郭外の町を通り過ぎたが、町はずれに番所があった。

［元禄五年三月十八日］

淀の町は美しく、立派な家並みがある。城があり、川の上に立っている水車小屋がその城の一部になっている。はじめ、われわれは郭外の町に着いたが、そこには橋があり、四〇の欄干と二〇の橋桁があった。町の向う側、すなわちもう一つの郭外の町の出口近くに、弁財天《べんざいてん》を祀る祠があった。この祠から遠くない対岸に一つの村があり、少し行くと左手に宇治《うじ》という小さい町を見ながら、旅を続けた。

淀の近くの右手、山の麓に八幡の町があった。この町の高地には森があり、その中にはたくさんの美しい家や建物が見えたが、それらはたぶん神社仏閣で、その中には八幡社〔石清水八幡宮〕もあった。多勢の人々や僧侶があちこちと歩き回っていたのは、この土地が一般によく知られている証拠である。山岳地帯はこの辺りでは見渡せぬほどで、遠く京都の背後まで延びていた。

このなかで、ケンペルは城主を本多氏としているが、実際の城主は石川憲之《いしかわのりゆき》である。近江膳所《ぜぜ》藩主と淀藩主とを混同しているようであるが、西洋人が淀の町をどのように見ていたかを知るための貴重な記述であり、彼の目からしても淀大橋・小橋の様子をはじめ、城の威容や城下町のにぎわいなどは興味深いものであったことがわかる。

朝鮮通信使が見た淀

ケンペルの通行から約三十年後、同じく淀の様子を書き留めた外国人がいた。享保四年（一七一九）、八代将軍吉宗の将軍就任を祝って来日した朝鮮通信使の一人、申維翰《シンユハン》である。彼が記した『海游録』には、以下のように淀の町が描かれている。

［享保四年九月十日］

十日庚辰。晴。早暁に起きると、舟はすでに浦岸に泊っており、岸上にはすでに轎《きょう》が用意されている。船からおりて館に入った。

ここは山城《やましろ》州に属し、江に臨んで築かれた城は、淀城という。城外には水車二具を設け、これがよく水を揚げて城中に灌注していた。壕の広さは二丈ばかり、その縁には石を築いている。その上に設けた白い姫垣がはなはだ麗しく、覆うに瓦をもってし、瓦の間には穴をつくって砲を通じている。日本の城制はかくの如くである。

使館は城外にあり、守官である松平和泉守（松平乗邑《まつだいらのりさと》）は、奉行を遣わして支待す。

朝鮮通信使は淀で上陸し、陸路を京都に向かうことから、必ず淀藩の接待を受けた。通信使の淀上陸の様子は、淀藩士渡辺善右衛門が記した「朝鮮人来聘記」と「朝鮮聘礼使淀城着来図」によって詳しく知ることができ、それらの資料は通信使通行のにぎやかさをいまに伝えている。彼らは「唐人雁木」と呼ばれる通信使が上陸するための専用の船着場から「轎」と呼ばれる駕籠《かご》や輿《こし》のような乗り物に乗って、藩主が賓客をもてなすためにつくった「客屋」という藩の施設へと向かい、饗応《きょうおう》を受けた。

ケンペルや申維翰の日記には必ず淀城の美しさが強調されていることから、川のなかに浮かぶように建てられた淀城の威容は、淀を通るすべての人々の目を惹いたことだろう。

朝鮮聘礼使の様子（個人蔵）

唐人雁木跡

大坂代官が見た淀

外国の使節ばかりではなく、当然日本人の目にも淀の風景は美しく映ったはずである。つぎに大坂代官の日記のなかから、淀近辺の様子を見てみよう。

日記をしたためたのは竹垣直道という代官で、天保十一年（一八四〇）、大和五条代官から大坂谷町代官へ転任し、弘化五年（一八四八）までの九年間を大坂で過ごした。大坂代官とは、大坂市中の谷町と鈴木町に役所を置き、摂津《せっつ》・河内《かわち》・和泉《いずみ》・播磨《はりま》に点在する幕府領約十五万石の年貢収納を行うのが主な職務であった。年貢収納のほかにも村々へ触を伝達したり、風紀の矯正や犯罪人の逮捕・吟味《ぎんみ》など警察・裁判に関する事柄も扱った。

このように広範な職務にともなって、大坂代官は主な幕府領をしばしば巡見したことから、彼の日記には職務にかかわる記述にまじって、巡見地付近の名所が数多く登場する。では、彼の日記に記された淀近辺の風景を具体的に見てみることにしよう。

［天保十五年七月二十七日］

（摂津国嶋上《しまかみ》郡上牧《かんまき》村（現大阪府高槻市）などの巡見を終えて、）天王山に登った。

ここはかつて豊臣秀吉と明智光秀《あけちみつひで》が戦った古戦場である。山道に石の鳥居があり、その前には秀吉が鎧を掛けたという松が植わっている。このあたりからの眺めはよく、眼下には淀川が見える。目の前には男山が見え、木々の間からは石清水八幡宮の社殿などを見ることができる。遠くには比叡山が見え、京都・伏見の街並みや村々の田園も望むことができる。木津川と宇治川は淀城を挟んで流れ、淀大橋・淀小橋などがはっきりと見えて絶景である。しばらく眺望を楽しんだのち、二丁（およそ二一八メートル）ばかり登って山頂に着いた。

【弘化四年四月二十八日】

（河内・山城の国境を越えて、橋本・八幡の町（現京都府八幡市）を巡見したのち、）木津川に出た。淀大橋は昨年の洪水で破損しており、通行することができなかったので、渡し船で淀の城下に到着した。淀大橋を左手に見ながら進み、孫橋に着いた。この橋も昨年の洪水で

淀周辺図

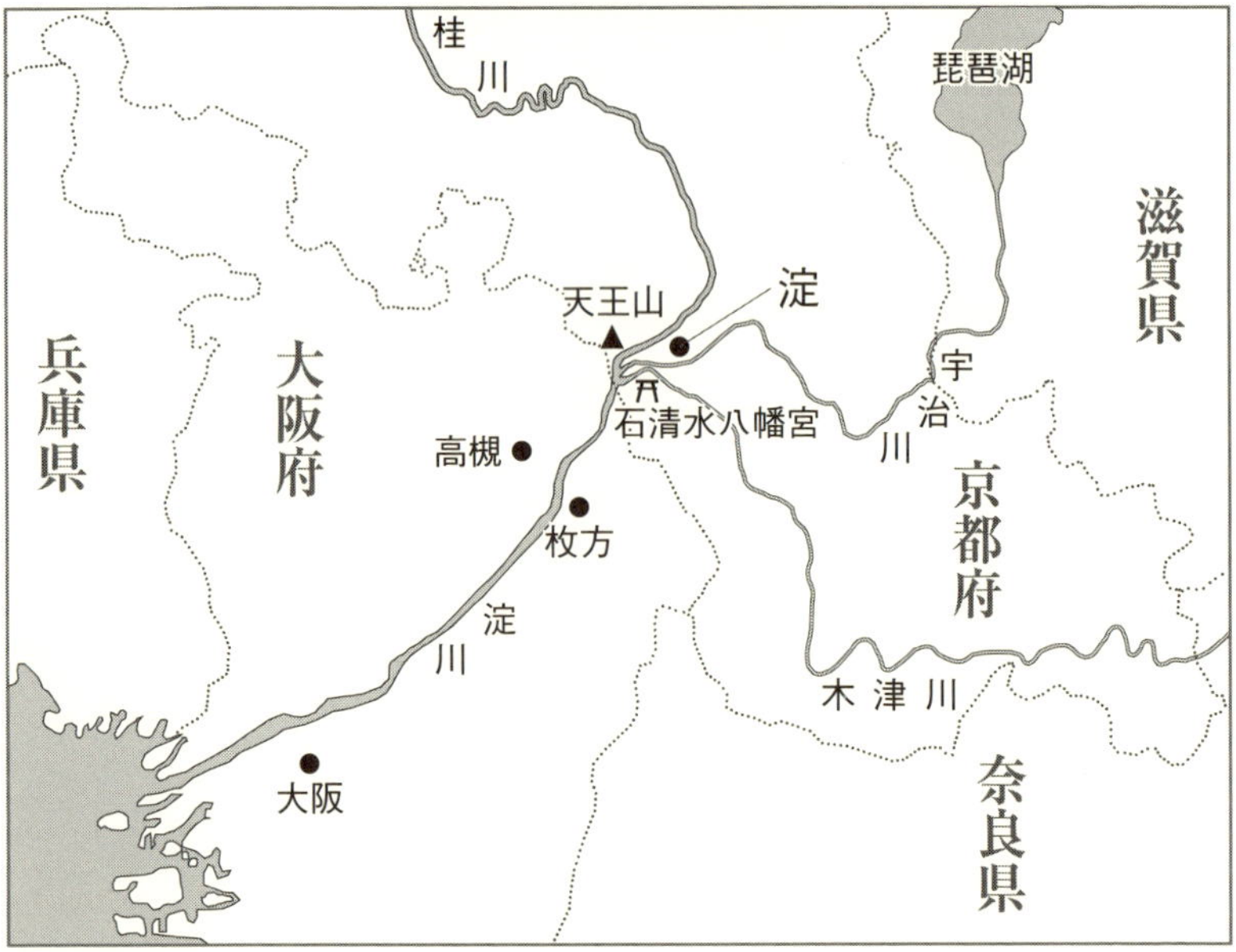

破損したということなので、船で渡ることになった。城の大手門の前に店を構える茶師片木与四郎宅へ立ち寄り、製茶の様子を見る。この店の煎茶を買ったが、この茶は宇治で生産したものを、淀の地で製茶している。店で茶を飲みながら、一休みした。大手門を左手に見ながら、城下町を進んで淀川に出た。ここに架かる淀小橋も破損していたので、船に乗ったが、淀川の川中から見る淀城や水車、また次々とあらわれる景色は最高に美しかった。川辺から見る景色も美しく思えた。七番町にある過書座で休息したのち、桂川沿いにある二番町を通り、六番町にある唐人雁木から船に乗って淀川を下った。淀城の水車や川沿いに藩士たちの屋敷が見えた。藩主の下屋敷らしき屋敷も見え、藩主の庭園が淀川へと続く様子はとても美しかった。

日記の記述を見ていると、天保十五年の巡見の際には淀の町には立ち寄っていないようだが、対岸に位置する天王山から淀の様子を見ていることがわかる。一方、弘化四年の記述からは、淀城下にまで実際に足を運んだことがわかり、製茶店に立ち寄ったり、舟から淀城を眺めたりと、淀の町を堪能している。しかも竹垣は淀の風景をよほど気に入ったのか、「眺望絶景」「風景宜《ふうけいよろし》」「眺望絶妙」という言葉を何度も書き留めている。

以上、ケンペル・申維翰・竹垣直道、三人の日記から淀の風景を見てきたわけ

淀川八幡山勝景（部分）
（財団法人守口文庫蔵）

であるが、いずれの日記からも淀周辺が風光明媚な土地であったことが窺い知れ、日本人・外国人を問わず、その美しさは人々の心に深く印象付けられたことであろう。

　このように多くの人の目を楽しませ、江戸時代には洛外の名所の一つにも数えられるようになる淀であるが、名所としてだけではなく、古代から交通の要所として、戦略上の要として淀の果たした役割は大きいことから、淀藩のことを知るためには江戸時代以前の様子を知ることが必要不可欠である。「淀藩物語」は江戸時代以前の淀、なかでも豊臣秀吉と淀との関係を紐解くことから始めよう。

② 豊臣秀吉・淀殿と淀古城

淀の名を一躍、有名にした豊臣秀吉と淀殿。
淀築城は秀吉が畿内を掌握するために、綿密に計画されたものであった。
江戸幕府による伏見廃城を受けて、再び淀が注目される。

京近き名城

「淀城」と聞いて誰もがまず思い浮かべるのが、豊臣秀吉の側室茶々《ちゃちゃ》（淀殿《よどどの》）のことであろう。市販されているガイドブックのなかには、京阪電車から望むことのできる立派な石垣を「淀殿の城」と記しているものがあり、そうしたことが影響してか、現存する石垣を「淀殿の城」と思うむきも少なくない。しかし、これは誤りであり、現存する石垣は後述するように江戸時代になってから松平定綱によって新たに築かれたものである。

こうした認識が世間一般に広まっているのは、一つには秀吉の逸話のなかでも愛する側室のために、城を一つプレゼントしたという豪快さが人々に受け入れられたこと、二つには「淀殿の城」の全容がはっきりしないこと、三つには江戸時代に出された名所案内記に「淀城＝淀殿の城」という記述が見えることが、大きな原因であると思われる。

とくに、有名な名所案内記である『都名所図会』には、三十石船と淀の水車が描かれた場面で「淀の水車はむかしよりありて、耕作のためにと秀吉公の室淀殿これに住したまひて、この水城中の用となす」と記しているし、『淀川両岸一覧』の「淀城」の項には「その初めは岩成主税助がきづく所なり。その後、豊公の御簾中《ごれんちゅう》★この所に住みたまふにより、淀殿と号す」とあり、いかにも江戸時代に築かれた淀城と淀殿の城とが同一の城のように捉えられており、これが現在でも両者を混同させる原因となっている。本書では両者の混同を避けるため、現存する近世城郭としての淀城は「淀城」とし、それ以前の淀城をあらわす際には「淀古城」としたい。

「淀殿の城」として有名な淀古城であるが、この城は豊臣秀吉によってはじめて築かれたのではなく、室町時代にはすでに存在していたのである。「淀殿の城」について述べる前に、まずは秀吉が修築する前の淀古城について見ていこう。

淀古城の創建時期やその規模については明らかではないものの、淀古城が史料に登場するのは戦国時代に入って間もなくのことである。十六世紀前半の畿内の戦乱を描いた軍記物で、この時期の畿内の政治史を知るための重要史料である『細川両家記』には、永正元年（一五〇四）、摂津《せっつ》守護代《しゅごだい》薬師寺《やくしじ》元一《もとかず》が管領《かんれい》★細川政《まさ》

▼御簾中
すだれのなかにいて姿を見せないところから、高貴な人の妻の敬称。

▼管領
室町幕府で将軍を補佐し、政務を司る役職で、細川氏のほか、斯波氏・畠山氏が就任した。

『都名所図会』（国立公文書館蔵）

元《もと》に反抗し、「淀の城」に立て籠ったことが記されており、同書はこの城を「京近き名城」と記している。

ついで、淀古城が史料にあらわれるのは、織田信長《おだのぶなが》の生涯を記した『信長公記《しんちょうこうき》』であり、元亀三年（一五七二）に三好三人衆の一人である岩成友通《いわなりともみち》が室町幕府十五代将軍足利義昭《よしあき》と呼応して、淀古城を拠点に織田信長に対抗したものの、信長方の武将細川藤孝（のちの幽斎）に攻略されたことが記されている。

さらに、天正十年（一五八二）六月に起こった本能寺《ほんのうじ》の変のあと、信長麾下《きか》の武将との戦に備えるため、明智光秀は京都の南に位置する下鳥羽《しもとば》を本陣とし、淀古城と対岸の勝龍寺《しょうりゅうじ》城（現京都府長岡京市）を前衛基地とするなど、淀古城はその地理的・戦略的重要性からたびたび、歴史の表舞台に登場した。

淀殿の城

この城が歴史上、最も有名になるのは、さきにも述べたように、豊臣秀吉が側室茶々のために城を築いたという逸話による。茶々は近江小谷《おうみおだに》城主であった浅井《あざい》長政《ながまさ》を父に、織田信長の妹であるお市の方を母に持ち、お初《はつ》（のち京極高次《きょうごくたかつぐ》の室）とお江《ごう》（のち徳川秀忠《とくがわひでただ》の室）という二人の妹がいた。小谷落城後、お市の方が柴田《しばた》勝家《かついえ》と再婚したことから、これに従ったが、北庄《きたのしょう》城落城後は豊臣秀吉の庇護を受けた。その後、秀吉の側室となった茶々は懐妊し、それを知った秀吉はその産所として、淀古城を築いたことから、それだけ茶々に対する秀吉の愛情が深かったことの証ともされている。秀吉は天正十七年（一五八九）三月から城の修築に取り掛かり、茶々は同年五月にこの城で棄《すて》（のちの鶴松《つるまつ》）を産んでいる。茶々はこのわずか一年足らずで大坂城へと移るが、この城に住んだことを契機に、以後、淀殿と呼ばれるようになる。

しかし、いくら秀吉といえども側室一人のために城一つを修築することなどあり得るのだろうか。淀古城の修築はそれほど単純な話ではなく、秀吉なりの構想に基づいたものであり、淀に城を築いたのにはいくつかの要因があった。その一つは、水陸両交通の要所であった淀の地を掌握しておく必要があったからである。天下統一を成し遂げた秀吉は天正十一年に大坂城を築城し、自らの政治的・経済的基盤であった畿内の支配強化を図った。そのなかで淀は平安時代以来、京都の外港で水上交通の要所であると同時に、京都から久我縄手《こがなわて》★を経て奈良へぬける道筋における淀川の渡河点であるという陸上交通の要所でもあったことから秀吉の目に留まったといえる。

二つには、聚楽第《じゅらくだい》造営・御土居《おどい》造築に代表される京都の城下町化に絡んで淀を京都の前衛基地として機能させることに加え、京都聚楽第と大坂城という秀吉の二つの政庁の中間点に淀が位置していたことから、軍事的にも城を置いておく必

豊臣秀吉（高台寺蔵）

▼**久我縄手**
京都市伏見区久我の桂川西岸から京都府乙訓郡大山崎町北部に至る古道。

要があった。このことから、秀吉は決して思いつきで城を修築したわけではなく、綿密な計画のもとに修築したことが明らかであり、いくら秀吉ほどの権力者であったとしても「側室のため」や「新築する」といった〝無駄遣い〟はしていないのである。

なお、「淀殿の城」は現在ではその正確な位置を知ることはできないが、現在の淀城跡より約五〇〇メートル北に位置する納所の妙教寺《みょうきょうじ》付近とされる。同寺の南側にある窪地が堀の跡と伝えられ、付近には「城の内」「北城堀」という地名が残り、往時を偲ぶことができる。なお、同寺には江戸時代に新しく城を築いた松平定綱から寺地を寄進する旨の書状が残っている。

淀古城・淀城と伏見城

淀古城・淀城と伏見城、この三つの城の築城と廃城は、豊臣秀吉の時代から徳川家康の時代へと時代が大きく変わる、激動期をまさに体現していた。

秀吉の京都構想のもとで修築された淀古城は、文禄三年（一五九四）、伏見築城にともない破却されることとなる。豊臣秀次の右筆《ゆうひつ》であった駒井重勝《こまいしげかつ》が秀吉や秀次の動静を綴った『駒井日記』の文禄三年三月十八日条には、「淀城の天守と櫓は解体され、奉行と大工の指示のもと伏見城へ運んだ」という記述が見え、淀古

妙教寺にある淀古城の碑

松平定綱の寄進状（妙教寺蔵）

城の天守や櫓などかなりの施設が淀から伏見に移されたことがわかる。

大坂城を息子秀頼《ひでより》に譲った秀吉にとって伏見築城は単に隠居城を築くという意味のほかに、有力大名が存在する東国への監視や後年の朝鮮出兵をも見据えての新たな拠点づくりという意味合いがあった。なぜなら、秀吉は伏見築城にとどまらず、この時期に淀川の堤防として文禄堤を築き、その上に京街道を通すことで伏見―大坂間の陸上交通を把握し、水上交通については伏見港を修築することで、物資の確保や物流の掌握を図ろうとした。

また、淀と伏見との関係から見れば、従来淀が持っていた京都の前衛基地としての機能や、交通の要所としての機能を伏見に代替させることで、新城下町の振興を図るという意図のもと淀古城の廃城が進められていくことになる。

文禄元年ごろから築城され始めた伏見城は、完成間もない文禄五年閏《うるう》七月の大地震によって一度は倒壊したものの、場所をかえて慶長二年（一五九七）五月ごろには一応の完成をみた。翌年八月に秀吉は伏見城内で没し、その後、徳川家康が城に入った。

関ヶ原の戦いでは、その前哨戦として伏見城の攻防があり、城は炎上・落城するが、関ヶ原の戦い後、家康は大坂城にいる豊臣秀頼と豊臣恩顧の大名への牽制のため、石垣の普請や本丸殿舎の復旧など毎年のように何らかの工事を継続して行い、伏見城は徳川の城として整備されていった。

しかし、慶長十一年を最後に、以後十年間は何の工事も行われていないことから、この時期にはおそらく伏見城の復旧もある程度終わったと思われる。伏見城の復旧と前後して幕府は、慶長八年に京都支配の拠点として二条城を築城するとともに、家康は駿府城を築き、大御所《おおごしょ》としてそこに移り住んだことから、伏見城を整備する必要性も自ずと低くなっていった。元和元年（一六一五）には大坂の陣が終了し、同五年八月には、幕府の西国経営の拠点として幕府による〝大坂城〟が新たに築城されるにともない、伏見城はその役目を終え、廃城されることになった。

この伏見城の廃城を受けて、水陸交通の要所として再度淀が注目され、新たに城が築かれることになる。これは淀城が単に京都を守護したり、水陸交通の要所を管轄するのみでなく、京都所司代《きょうとしょしだい》・大坂城代《おおさかじょうだい》をはじめ、尼崎・高槻・岸和田《きしわだ》・丹波亀山・膳所・大和郡山《やまとこおりやま》などの譜代諸藩と連携を取りながら、幕府の畿内支配を支えるという役割を担うことが求められた結果であり、淀藩にはそれに見合うだけの本格的な近世城郭と城下町の建設が急務とされた。

伏見城があった近くに造られた模擬天守伏見桃山城（©京都市メディア支援センター）

③ 松平定綱による淀築城

松平定綱が遠江《とおとうみ》掛川《かけがわ》から淀に転封となり、淀藩が成立する。
宇治川・木津川・桂川が天然の堀を成すこの地に新城を築く。
二条城から移された五層の大天守と四つの小天守がそびえ立つ。

山城淀は木津川・桂川・宇治川の三川が合流し、東には巨大な巨椋池《おぐらいけ》を擁した軍事・交通の要所で、淀城はあたかも川中に浮かぶ水城の如《ごと》き畿内屈指の堅城であった。歴代の淀藩主は京都守護の大名として、また大坂城代を中心とする畿内政治・西国監視体制の一員として幕府から大きな期待を寄せられていた。淀には久松《ひさまつ》松平氏（一代）―永井氏（二代）―石川氏（三代）―戸田松平氏（二代）―大《お》給《ぎゅう》松平氏（一代）―稲葉氏（十二代）といった徳川将軍家との縁が深く、かつ信任の厚い譜代名門の大名（松平庶流・外戚を含む）が入封しており、これらのなかには寺社奉行《じしゃぶぎょう》や大坂城代、老中を歴任するなど幕府政治の中枢を占める者もおり、幕府にとって淀藩主は畿内政治の要であると同時に、幕府政治の要でもあった。

松平（久松）氏の系譜

江戸時代に入り、淀に最初に入封した松平定綱は、松平姓を称する十八家のなかでも家康と関係が深い久松松平と呼ばれる系譜の家に生まれた。久松家はもともと尾張の武将であったが、徳川家康の母である於大《おだい》の方（伝通院《でんつういん》）が久松俊勝《としかつ》と再婚したことから、家康の異父弟である康元《やすもと》・勝俊《かつとし》（のち康俊）・定勝《さだかつ》の三人は松平の姓を与えられて大名に取り立てられ、久松松平家と呼ばれるようになった。なかでも定勝の系統が最も隆盛を誇り、定勝の二男定行《さだゆき》は遠江掛川藩主・伊勢《いせ》桑《くわ》名《な》藩主を経て伊予《いよ》松山藩祖となり、三男定綱は山城淀藩主・美濃大垣《みのおおがき》藩主を経て伊勢桑名藩祖となる（長男定吉《さだよし》は早世）。なお、定綱の系統には寛政の改革で有名な松平定信《さだのぶ》や幕末期に京都所司代を務めた松平定敬《さだあき》がいる。

久松松平家系図

久松俊勝 ＝ 於大の方（伝通院） ＝ 松平広忠

- 久松俊勝・於大の方の子
  - 康元
  - 勝俊（康俊）
  - 定勝
    - 長男 定吉（早世）
    - 二男 定行（伊予松山藩祖）
    - 三男 定綱（伊勢桑名藩祖）
- 松平広忠・於大の方の子
  - 家康

松平定綱の肖像画
（照源寺蔵、桑名市博物館提供）

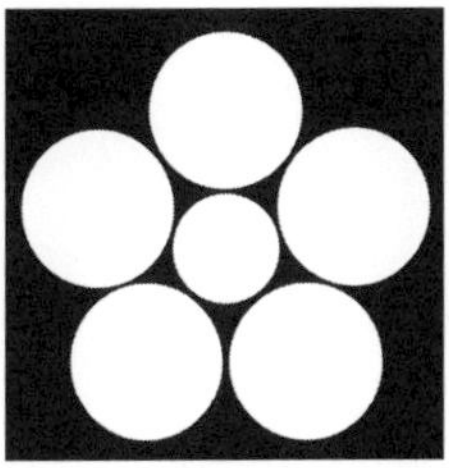

久松松平家家紋
（星梅鉢）

淀築城

元和九年（一六二三）七月、二代将軍徳川秀忠は将軍職を家光に譲り、自らは家康に倣《なら》って大御所となり、新将軍を後見する立場に就いた。家光の将軍宣下のため秀忠も上洛するが、途中、遠江掛川に立ち寄り、ときの藩主松平定綱と会見する。このとき、伏見にかわって京都を守護し、朝廷を監視するための要地について両者で話し合いが行われ、淀の地に城を築くことが検討された。同年閏八月、定綱に淀への転封と同時に、新城を築くようにとの命が下った。幕府が淀に新城を築くように命じた背景には、淀が京都守護の要であると同時に、豊臣秀吉の伏見築城によって伏見湊に吸収されていた淀津の機能を復活させ、京街道と淀川舟運という大坂―京都間の水陸両交通の要所を掌握しておく必要があったからである。

この間の状況を家光の事績を記した「大猷院《たいゆういん》殿御実紀」は、「松平越中守定綱召れ、伏見城先年すでに廃城にすべきに定められしことなり。伏見をのぞきては帝都を守護せむ地淀にまされるはなし。汝今より淀に城築くべし。伏見の殿閣・天守給はるべしと面命ありて、所領三万五千石になさる」と伝えている。定綱の淀転封にあたっては五千石も加増されていることから、幕府の期待のほどがわかる。

城地については、新しい城地の選定と同時に秀吉が修築した淀古城の城地を広げることもあわせて検討された。しかし、秀吉が城を築いた納所の地は後背に沼地がせまっており、城地を広げることは難しく、また秀吉によって築かれた文禄堤のため、天然の良港であった淀津が機能を停止していたことからも、近世的な城下町を建設するにはふさわしくないとの結論に達した。

そこで、定綱は自ら城地の選定に赴き、宇治川・木津川・桂川の三川合流地点にできた中洲である「淀ノ中嶋」を新しい城地と定めた。この地はそれぞれの川が天然の堀となり、要害としての役割を果たすことから、京都守護には恰好の場所であった。

城の威容

新しい淀城は約二年の歳月をかけて築かれた。幕府から築城料として銀一千貫目が下されたことを考えれば、幕府がこの城にかけた期待の大きさを窺い知ることができる。本丸には五層の天守がそびえ、二の丸、三の丸のほか西の丸・東曲輪を構え、櫓は三重の櫓六カ所をはじめとして合計三八、城門は二〇を数え、総面積は十数万平方メートルにも及んだ。

淀城天守の図（個人蔵）
松平定綱による淀築城

このときつくられた淀城の天守には逸話がある。さきほどの「大猷院殿御実紀」に見たように、当初は廃城となった伏見城の天守が淀城へと移築される予定であったが、急遽二条城へと移されることになり、淀城には結局二条城の天守が運ばれた。このことは、天守台の発掘調査が行われた際、「三つ葉葵」を施した瓦が出土したことからも明らかである。天守の威容は藩士渡辺善右衛門が描いた天守の絵図から知ることができるが、天守台は伏見城の天守に合わせてつくられていたため、天守台の四隅が空いてしまい、小天守を大天守の周りに付属させるという独特の外観を持った天守がつくられた。このように類稀な天守であったが、宝暦六年（一七五六）二月に落雷により焼失してしまい、以後再建されることはなかった。

また、築城にあたってはオランダ人から築城技術を学んだ成瀬《なるせ》杢右衛門《もくえもん》が登用され、当時としては画期的な西洋の技術が多用されたといわれている。残念ながら、現在のところ、そのことを確かめる術はないが、もし西洋の築城技術をもって築城されたとすれば、それまでの城とは一線を画す「名城」だったといえるだろう。

なお、本丸御殿は秀忠と家光が上洛の際に用いたことから、歴代藩主は自らが使うことを憚《はばか》って二の丸御殿で生活したという。

天守台

淀城本丸石垣

④ 永井尚政による城下の整備

将軍秀忠の側近であった永井尚政が十万石で入封。
木津川を付け替え、城地の拡張と城下町の整備を行う。
尚政は寺社の復興にも力を注ぐ。

永井氏の系譜

寛永十年（一六三三）、在封十年で美濃大垣へ転封となった松平定綱にかわり、下総《しもうさ》古河《こが》から永井尚政《なおまさ》が入封してくる。その治世は尚政・尚征《なおゆき》の二代、三十六年を数えた。永井氏はもともと長田《おさだ》という姓であったが、徳川家康の命により改姓している。その理由は源《みなもとの》 義朝《よしとも》が平治の乱で敗れ、尾張《おわり》へと敗走した際、同国野間内海荘《うつみのしょう》（現愛知県美浜町）の在地領主であった長田忠致《ただむね》に打ち取られたことから、源氏を祖とする家康はこのことを不吉に思い、長田姓を忌み嫌ったからだという。

永井家歴代当主のなかでもとくに、尚政の父である直勝《なおかつ》は早くから家康に付き従い、次々と軍功をあげた。なかでも有名なのは、豊臣秀吉と家康とが対峙した小牧《こまき》・長久手《ながくて》の戦いで、秀吉方の有力な武将池田恒興《つねおき》を打ち取ったことである。

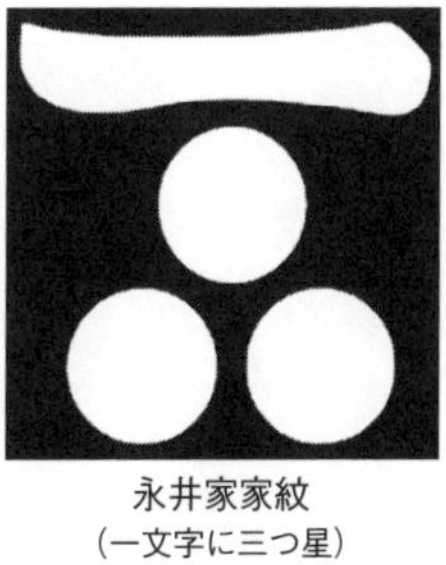

永井家家紋
（一文字に三つ星）

永井家系図

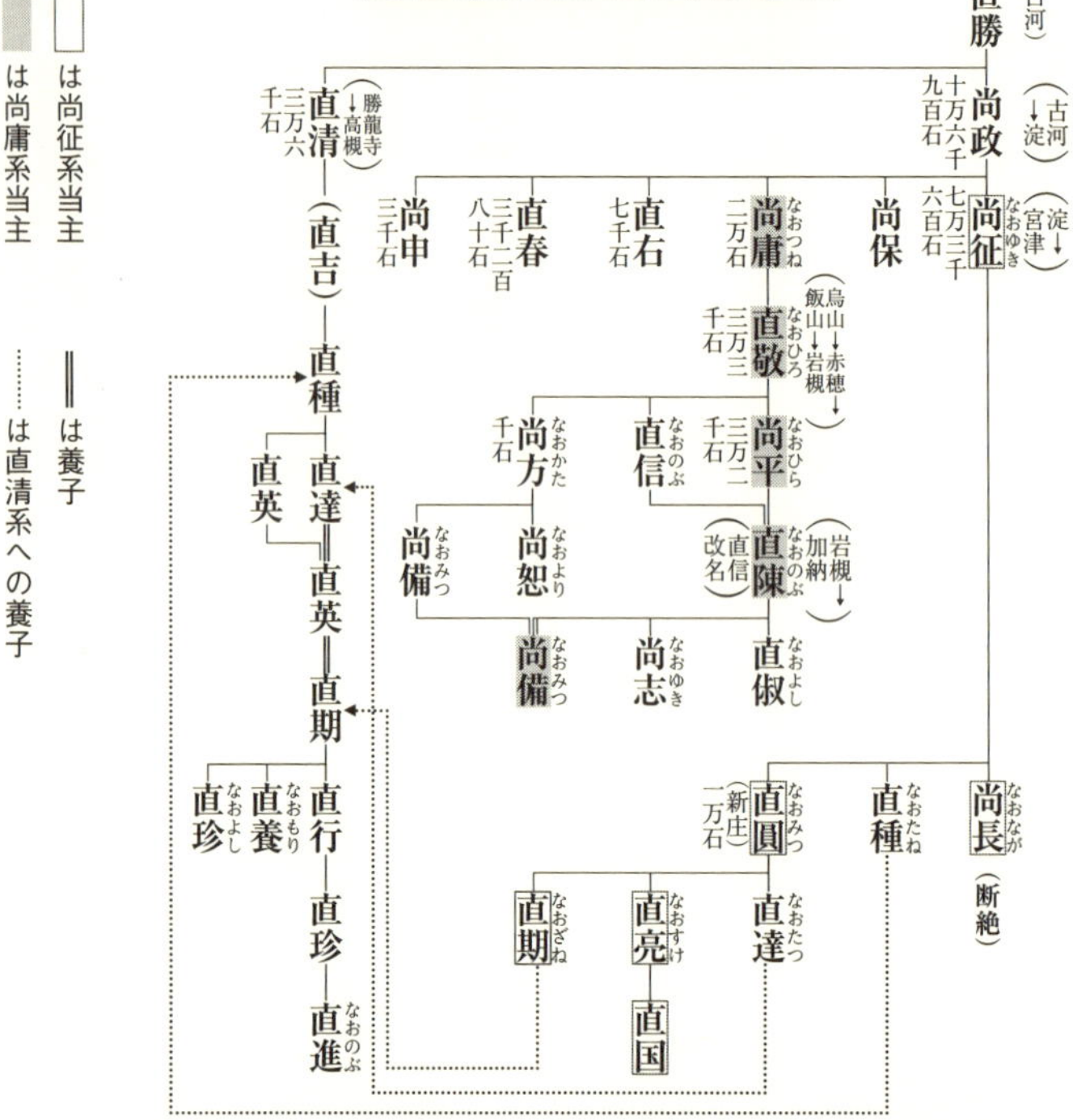

永井家歴代当主の役職

国	領地	所領高	藩主	役　職
山城	淀	10万石	尚政	老中
		7万3600石（弟に分知）	尚征	
丹後	宮津		尚長	奏者番
摂津・河内のうち		2万石（のち1万石加増）	尚庸	奏者番・若年寄・京都所司代
下野	烏山	3万石	直敬	奏者番・寺社奉行・若年寄
播磨	赤穂	3万3000石（のち、尚方に1000石分知）		
信濃	飯山			
武蔵	岩槻		尚平	
			直陳	奏者番
美濃	加納	3万2000石	尚備	大坂加番
			尚旧	大坂加番
			尚佐	大坂加番・奏者番・若年寄
			尚典	二の丸火番・日光勤番・桜田門番・奏者番
			尚服	大坂加番・講武所奉行・奏者番・寺社奉行・若年寄

（『藩史大事典』より作成）

その後も関ヶ原の戦いや大坂の陣でも家康に従い、福島正則《ふくしままさのり》の改易に際しては上使を務めている。これらの功が認められ、直勝は元和八年（一六二二）に下総古河七万二千石の藩主となった。

尚政の活躍

直勝の長男である尚政は幼少のころから秀忠に近侍し、井上正就《まさなり》・板倉重宗《しげむね》とともに「近侍の三臣」と称された。小姓組番頭から秀忠付きの年寄（のちの老中）へと昇進し、寛永三年（一六二六）には直勝の跡を継ぎ、父の遺領に自らの領地・新墾田を合わせて十万石の大名へと成長した。

寛永十年、尚政は老中の職を解かれ、古河から淀へと転封となる。これについて左遷と見る向きもあるが、実際は左遷ではなく、翌十一年の将軍徳川家光の上洛に際し、西国支配の強化を図ることが目的であったと考えられる。それは、尚政の淀入封だけでなく、同じく寛永十年には尚政の弟である直清《なおきよ》が淀川の右岸長《なが》岡《おか》の地に長岡藩を立藩し（のち高槻へ）、支配体制を強化するために畿内近国でも大名の転封が行われたことからも明らかである。

そして、京都所司代板倉重宗を筆頭に、淀川を挟むように配置された永井兄弟、大坂町奉行久貝正俊《くがいまさとし》と曽我古祐《そがひさすけ》、堺奉行石河勝政《いしこかつまさ》、五畿内郡代小堀政一《こぼりまさかず》（遠州）

興聖寺に残る直勝の墓碑

永井尚政の肖像画（興聖寺蔵）

と五味豊直《ごみとよなお》によって組織された合議による畿内支配体制、いわゆる「八人衆」体制が確立し、このなかで尚政は民政担当大名として活躍した。

尚政による城下町整備

淀の城と城下町を築いたのは松平定綱であったが、今日の基盤を築いたのは尚政といってもよいだろう。なぜなら、尚政の入封によって「木津川の付け替え」と呼ばれる大規模な土木工事が行われ、城の威容と城下町が確定したからである。定綱は三万五千石の大名であったのに対し、尚政は十万石の大名であったため、家臣の数も多く、城下にあった屋敷だけでは足りず、家臣のなかには領内の農村から「お城へと通勤」する者がいた。

そこで、尚政は家臣屋敷の確保と洪水対策のため、寛永十四年（一六三七）から翌十五年にかけて、下図のように木津川の河道を南西に約一〇〇メートル移動し、約一万平方メートルもの城地拡張を実現した。拡張された城地には家臣屋敷としての「高嶋番町」と、町屋としての「新町」とが新たに設けられた。なお、高嶋番町には主に禄高二百石以上の上級藩士の屋敷が五八軒新たに建設され、城下の南端、木津川沿いには足軽《あしがる》長屋がつくられた。これにより、城下町も城内町（池上・下津・新町）と城外町（納所・水垂《みずたれ》・大下津）の六町が確定し、近世城下町

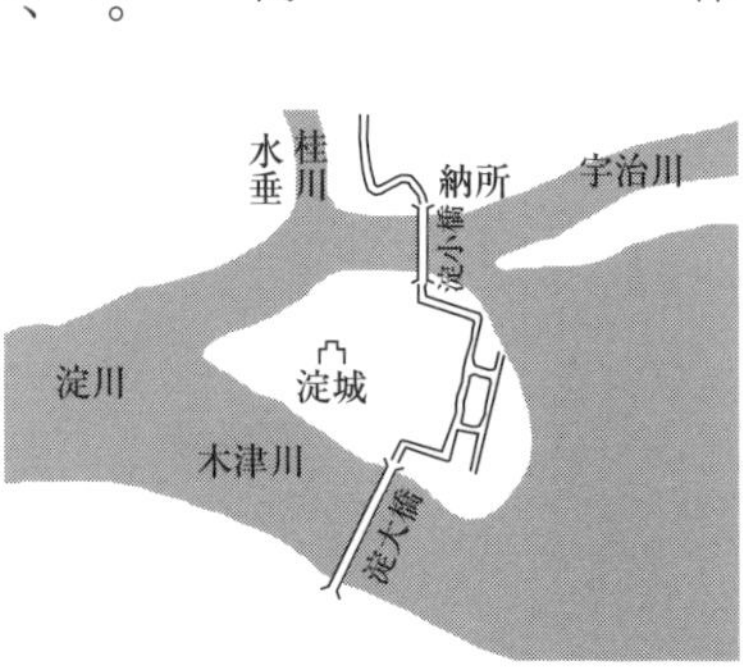

木津川の付け替え以前

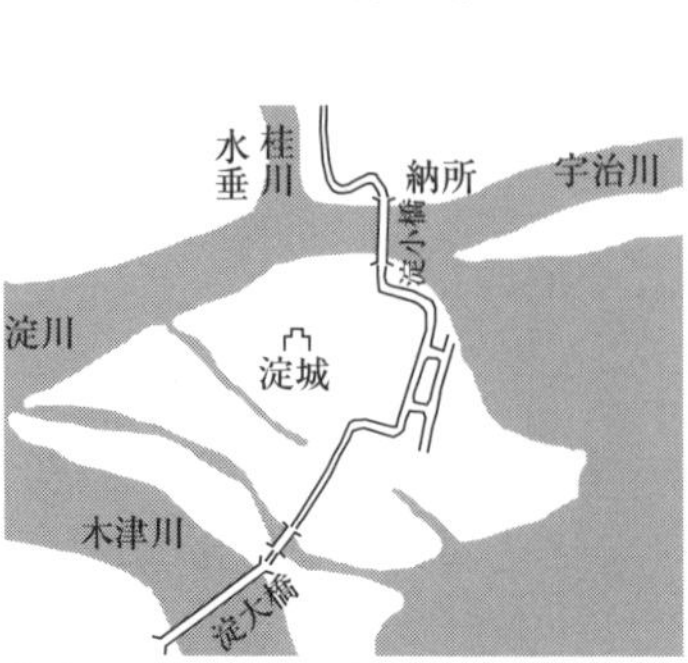

木津川の付け替え以後

としての形を整えていくことになる。

　なお、「淀の川瀬の水車　誰を待つやらくるくると」と詠まれて有名な「淀城の水車」は、もともと過書座役人である河村与惣右衛門の屋敷に淀川の水を汲み入れるためにつくられたといわれており、城中の庭園に水を汲み入れるために設置されるのは、尚政による木津川の付け替え以降のことである。『都名所図会』には、「淀の水車はむかしよりありて、耕作のためにと秀吉公の室淀殿これに住したまひて、この水城中の用となす」と記されており、淀古城にも水車が設置されていたかのような印象を与えるが、淀殿が居住した淀古城に水車を設置することは地理的に難しく、当時の文献にも水車は登場しないことから、淀殿の時代には水車はなかったと思われる。『都名所図会』の記述は、『図会』が出版された当時、淀城や水車の歴史に対して十分な検討がなされておらず、淀古城と淀城とが混同されたことによる。

　水車の様子については『都名所図会』や数々の錦絵を見てみると、水車は城の北と西の二カ所に設けられており、水車には桶《おけ》が付けてあったことがわかる。この桶で汲んだ水は樋管を通って城内の庭園を潤す仕組みになっていた。ただ、名物の水車も近世後期になると油の高騰から、潤滑油を挿してのメンテナンスが十分に行えなくなり、各地の大名が通行するときにだけ水車を回すようにすることで、経費の節減を図ったといわれている。

水車跡の碑

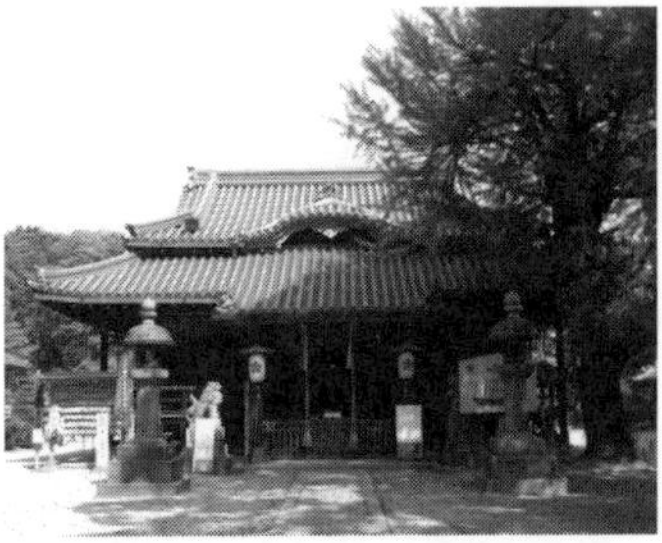
佐太天神宮

尚政による寺社の復興

このように城下町の整備に尽力した尚政は、寺社の復興にも力を入れた。その代表的なものが宇治の興聖寺《こうしょうじ》である。興聖寺は曹洞宗《そうとうしゅう》の開祖である道元《どうげん》が中国からの帰国後はじめて開いた寺で、もとは深草極楽寺《ふかくさごくらくじ》近辺にあったが、道元の没後は衰退していた。それを見た尚政は、父直勝が小牧・長久手の戦いで打ち取った池田恒興の菩提《ぼだい》を弔うとともに永井家の菩提寺として、慶安二年（一六四九）、宇治に興聖寺を再興した。現在、同寺には永井家歴代の墓碑とともに、「天《てん》竺《じく》殿」という建物には直勝をはじめ永井家歴代の木像が安置されている。

また、尚政は領地であった河内国茨田《まった》郡佐太《さた》（現大阪府守口市）にある佐太天神宮を訪れた際、同社に納められていた「天神縁起絵巻」（菅原道真《すがわらのみちざね》の生涯と天満宮の創建などを絵画化したもの）を見ていたく感動し、荒廃していた同社を復興した。永井家の崇敬を集めた同神社には、太刀や天神像などが寄進され、境内には後《ご》水尾《みずのお》天皇自らが尚政に与えたという「勅梅《ちょくばい》」が、いまでも毎年春になるときれいな花を咲かせている。なお、永井家の領地に天満宮が多いのは、このことを契機に尚政が厚く天神を信仰したことによるものといわれている。

あわせて、同神社の神宮寺として、もともと真言宗《しんごんしゅう》であった菅相寺《かんそうじ》を正保元

菅相寺に残る尚庸の頌徳碑（左は裏側）

年（一六四四）、曹洞宗《そうとうしゅう》に改宗し、興聖寺の末寺とすることで再興している。現在、同寺には尚政の三男にあたる尚庸《なおつね》の功績を顕彰した石碑と、永井尚政をはじめ、尚庸《なおつね》・直敬《なおひろ》・尚平《なおひら》・直陳《なおのぶ》といった歴代当主の位牌が安置されており、菅相寺は在地における菩提寺の役割を果たした。佐太の地にはこのほかにも、永井家の摂津・河内の領地（約一万石）を管理・監督する役所として佐太陣屋が置かれ、永井家がいかにこの地を重要視していたかがわかる。

その後の永井氏

淀の町をつくった尚政は寛文八年（一六六八）、淀城内で没する。跡を継いだ尚《なお》征《ゆき》は翌九年、丹後宮津《たんごみやづ》へと転封となるが、つづく尚長《なおなが》の代になって永井家を揺るがす一大事件が起こる。

延宝八年（一六八〇）五月、四代将軍徳川家綱《いえつな》が死去し、増上寺《ぞうじょうじ》で法会が行われることになり、尚長はその奉行役に任じられた。ところが、法会の当日、志摩《しま》鳥羽《とば》藩主であり、同じく奉行役を務めていた内藤忠勝《ただかつ》に背後から脇差で刺され、命を落としてしまうのである。

当時の史料は、尚長刺殺の理由を「忠勝の狂気」としているが、普段から仲の悪かった尚長は連絡を怠って忠勝に恥をかかせたことがあったため、これを恨ん

佐太陣屋跡

での犯行とも噂された。

幕府は忠勝に切腹を命じたが、永井家も尚長に嗣子がなかったことや殺害までの経緯から、改易となり、両家は断絶した。ただ、幕府としても直勝・尚政と幕府草創期に活躍した名門譜代の本家筋を断絶させるのは忍びなかったようで、翌年、尚長の弟である直圓《なおみつ》をもって大和新庄《しんじょう》（現奈良県葛城市）の地において、一万石をもって家の再興を許可した。

また、尚政の三男である尚庸《なおつね》は尚政の領地のうち、河内国内に二万石を分知され、若年寄・京都所司代を歴任した。つづく直敬の代には下野烏山《からすやま》を皮切りに播磨赤穂・信濃飯山・武蔵岩槻《いわつき》と転封を繰り返し、直陳の代に美濃加納《かのう》藩主となってようやく定着をみる。なかでも、赤穂への入封は元禄十四年（一七〇一）九月であり、これは赤穂藩主浅野長矩《ながのり》が江戸城松の廊下で高家吉良義央に刃傷に及んだことに端を発する、浅野家改易後すぐのことであった。永井家佐太陣屋に残されていた日記には、鉄砲や新しい畳を調達し、赤穂へ送ったことを示す記事が見え、浅野家改易後の混乱を鎮めるための準備に余念のなかったことを見て取れる。

永井家は直勝・尚政のころに比べ、大きく石高を減らすことになるが、尚庸系の当主は代々、大坂加番や若年寄など幕府の役務を務めることから、幕府を支えるという永井家の役割は脈々と受け継がれたのである。

なお余談ではあるが、幕末期、徳川慶喜《よしのぶ》に見出され、開明派の外国奉行・若年寄格として活躍し、王政復古の上表文を作成したといわれる永井尚志《なおゆき》もこの尚政・尚庸につらなる系譜から出た人物である。さらに、作家として有名な永井荷風《ながいかふう》や高見順《たかみじゅん》、三島由紀夫《みしまゆきお》も永井家ゆかりの人物で、文学に造詣の深い人々を輩出している点は興味深い。

5 頻繁に入れ替わる藩主

石川氏・戸田松平氏・大給松平氏が相次いで入封。

しかし、いずれも短期間で転封となり、藩政の安定は稲葉氏の入封を待つこととなる。

幕府の要職に就く譜代藩には、江戸での生活を支えるため、関東近郊に飛び地があった。

石川氏の系譜

丹後宮津に転封となった永井氏にかわり、寛文九年（一六六九）二月、石川憲之《のりゆき》が入封する。以後、憲之《のりゆき》・義孝《よしたか》・総慶《ふさよし》の三代、四十二年間にわたって淀の地を治めた。石川氏は源義家の孫である義基が河内国石川荘（現大阪府羽曳野市周辺）を領したことから石川姓を名乗るようになったといわれている。石川氏のうち、家成・康通《やすみち》の代になって家康に仕え、関ヶ原の戦いののち美濃大垣五万石を有した。康通の子忠総《ただふさ》（大久保忠隣《ただちか》の二男）も関ヶ原の戦い・大坂の陣に戦功があったことから、豊後《ぶんご》日田《ひた》六万石、下総佐倉《さくら》七万石と順調に所領を増やした。憲之は慶安四年（一六五一）四月、祖父である忠総の所領を継ぎ（父の廉勝《かどかつ》はすでに死去）、近江膳所から伊勢亀山を経て、淀へと移る。

石川家家紋
（丸に笹竜胆）

石川氏の治世

石川氏の治世のなかで特筆すべきは、延宝検地と国絵図の調進であろう。延宝検地とは延宝五年（一六七七）から二年がかりで畿内近国の幕府領を再度検地したもので、生産力を向上させ、年貢の増収を目的に行われた。このとき淀藩主であった石川憲之は山城国担当の検地奉行として活躍し、実際に検地に出向いた家臣には幕府から時服と白銀が下された。つづく元禄期（一六八八～一七〇四）には山城国絵図を作成する大名として憲之が任命され、元禄十三年に完成した。

また、領地である河内国高安郡《たかやす》（現大阪府八尾市）の村々に対して、「淀諸事法度書」を出したが、そこには火の用心や博打の禁止といった一般的な禁止事項に加え、衣類をはじめ、すべての生活品への出費を控えることが記されている。さらに、信用のある買い手に対して即金ではなく、一定期間ののちに代金を受け取る約束で品物を売る、いわゆる「掛売り」を禁止し、もし万が一「掛売り」をした場合の訴訟は藩の役所では一切受け付けないといった項目も見られる。この「法度書」は、華美な生活が庶民にも広まりつつあった元禄という時代を反映していると同時に、貨幣経済の進展が著しい大坂近郊に所領を持つ領主にとっては、領民がそれに巻き込まれないための方策を示したものといえよう。

藩主のこうした活躍に比して、この時期、淀の町では洪水や火事などの災害にたびたび見舞われた。元禄十三年に起こった納所町の火事は一一八軒の民家を焼き、被災者が多く出たため、藩主から施行が行われた。翌年の淀川の洪水では堤が切れ、町屋も武家屋敷も浸水するなどの被害を出した。

その後、義孝が宝永三年（一七〇六）から七年まで、つづく総慶が七年から八年まで藩主を務め、備中《びっちゅう》松山へと転封となった。

石川家系図

（源）義基≈家成―康通《やすみち》―忠総《ただふさ》（大久保忠隣の二男）―憲之《のりゆき》（忠総の孫）―義孝《よしたか》―総慶《ふさよし》

松平（戸田）氏の治世

備中松山へ転封となった石川総慶にかわり、松平（戸田）光煕《みつひろ》が美濃加納から入封する。以後、光煕・光慈《みつちか》と続くが、わずかに七年の治世であった。戸田松平氏は戸田康長《やすなが》が徳川家康の異父妹と婚姻したことから松平姓を授けられたことを契機に、徳川家の一門に列した。

淀入封中、光熙は御所の造営に尽力したが、藩主として目立った活躍はなく、正徳二年（一七一二）八月と享保元年（一七一六）六月には大洪水に見舞われ、城下町も大きな被害を受けるなど、その対応に終始することが多かった。

戸田松平家系図

久松俊勝―松姫（家康の異父妹）
＝戸田康長〜光熙《みつひろ》―光慈《みつちか》

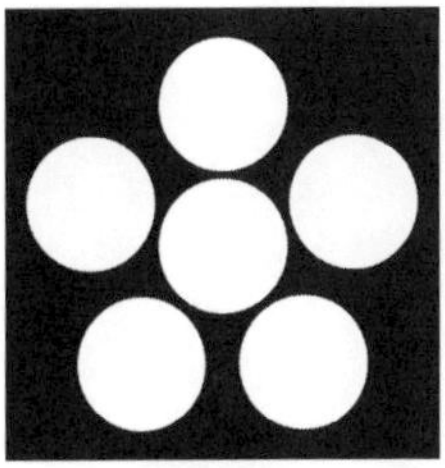

戸田家家紋
（六曜紋）

松平（大給《おぎゅう》）乗邑《のりさと》の治世

志摩鳥羽へ転封となった松平光慈にかわり、伊勢亀山から松平乗邑が入封する。乗邑の治世も享保二年（一七一七）から同八年までのわずか七年間にとどまった。大給松平家は、松平親忠《ちかただ》の二男松平乗元《のりもと》を祖とし、三河国加茂《かも》郡大給（現愛知県豊田市）を領したことから大給松平家と呼ばれた。

乗邑は淀入封中の享保七年から翌年にかけて大坂城代を務め、老中に昇進するや下総佐倉へと転封となった。彼の老中としての功績は、享保の改革の主な政策

大給松平家家紋
（蔦）

であった足高の制や公事方御定書の制定、御触書集成の編纂などに見ることができ、享保の改革のブレーンとして活躍した。水野《みずの》忠之《ただゆき》が老中を辞任したあとは老中首座となり、元文二年（一七三七）には老中のなかでも主に財政や民政を担当する勝手掛老中となった。

しかし、八代将軍吉宗《よしむね》の後継者として吉宗の二男田安宗武《たやすむねたけ》を推したため、長男の家重《いえしげ》が九代将軍に就くと老中を罷免され、加増された一万石も没収、蟄居《ちっきょ》を命じられるという波乱の人生を歩んだ。

松平乗邑の銘がある灯籠（淀・伊勢向神社）

大給松平家系図

松平親忠――乗元（二男）（大給の祖）＝＝乗邑

譜代藩の転封と飛び地

江戸時代前期から中期にかけて、このように頻繁に領主が入れ替わるのは、幕府の要職に就いた譜代大名は、必ず江戸城近くの領地（たとえば小田原や佐倉など）を与えられたことによる。しかもそれは、江戸近郊の小田原や佐倉に入封する一大名の問題ではなく、その大名が抜けたところをどのように補うのかといった問題と絡んで、「玉突き」式に大名が動くこととなり、全国的に頻繁な転封が見られた。

しかし、江戸時代半ばを過ぎると譜代大名は幕府の要職に就いても、江戸近辺に転封することは少なくなり、たいていの譜代藩は享保期（一七一六〜三六）には定着を見るようになる。これは外様大名に比べて禄高の少ない譜代大名にとって、藩主の要職就任と転封にともなう経費負担は過重なものとなり、各大名家の財政を圧迫していたことに対する幕府の処置であった。

ただし、転封することが少なくなったとはいえ、譜代大名が幕府の要職に就くことは変らず、しかも在任中は「定府」といって参勤交代することなく、江戸で生活しなくてはならなかった。幕府の要職にはとくに任期が定められていなかったことから、時には一つの役職を十数年にもわたって務めなくてはならないこともあり、江戸での出費は膨大なものとなった。

そのため、江戸から離れたところに本拠地を置く譜代藩は関東近郊に飛び地を持つことが多く、この飛び地が在府中の生活を支えていたのである。淀藩稲葉家は、後述するように、下総国印旛《いんば》・埴生《はぶ》・香取《かとり》・相馬《そうま》各郡と常陸国真壁《まかべ》郡・上野国勢多郡にあわせて約二万七千石の所領があった。譜代藩のなかで最も石高の高い彦根藩井伊《いい》家でさえ、下野佐野に一万七千石と武蔵世田谷に二千石の飛び地を持っていたのである。

これも淀

淀城の遺構はいまどこに

明治時代になると藩権力の象徴であった城は、廃城令が出されたのを契機に次々と破却されていった。たとえ破却を免れたとしても、天守をはじめ櫓や城門などは売りに出されたため、現在では城とは無関係の寺院の山門などに形を変えて現存していることが多い。平成二十七年（二〇一五）に国宝に指定された島根県の松江城でさえ、その天守が一八〇円（当時）で売りに出されたという。

淀城の場合、現在は石垣の一部を残すのみで、当時の威容は本書に挙げた絵画によって知るのみである。鳥羽伏見の戦いでは旧幕府軍・新政府軍の双方から攻撃を受けたため、淀川に浮かぶ名城と称された淀城も損傷が激しかったものと思われる。そうしたことも関係してか、現存する淀城の遺構は皆無といっても過言ではない。

天守は落雷で焼失したものの、淀城には三八の櫓、二〇の城門があったのだが、これらが淀の町内や近隣のどこかの寺院に移築されたという話は聞いたことがない。これら多くの櫓や城門は、いったいどこへ行ってしまったのだろうか。いまとなってはどのように処分されたかすら知ることができないが、大変興味深い話を耳にした。

それは淀から遠く離れた富山県高岡市にある浄土真宗の願性寺というお寺の山門が、淀藩稲葉家から譲られた門だというのである。寺伝や『戸出町史』によるとこの門は、この地域出身の廻船問屋竹村屋（武田）茂兵衛尚勝が文化二年（一八〇五）に淀藩稲葉家から譲り受け、自らが所有する大黒丸の下荷として伏木港に陸揚げし、千保川を小舟で運び、竹村屋の菩提寺である願性寺に寄進したというのである。高岡市あたりには淀藩稲葉家の領地はないので、竹村屋茂兵衛が藩の年貢米や特産物を運んだとは考えにくく、稲葉家から譲られたものだとしたら、茂兵衛は稲葉家に対して何かしら多大な貢献をしたとものと推測できる。

願性寺の山門
（写真提供：竹本宗豊氏）

願性寺のほかに、埼玉県新座市にある臨済宗妙心寺派の平林寺にも淀城の遺構といわれる山門が残されている。残念ながら、願性寺・平林寺・稲葉家のいずれにもこれら山門移築に関する資料はなく、また両寺の山門が淀城の城門なのか、はたまた江戸藩邸の門なのか、どのようないきさつで移築されたかなど詳しいことは不明であるが、遠く富山や埼玉の地に淀藩ゆかりの遺構が残っていたことを考えると、全国各地に移築された可能性がある。これからさき、新たな遺構が発見されることを期待したい。

第二章 稲葉家の淀入封とその治世

稲葉正成と春日局を祖とする稲葉家が享保八年に入封し、以後、幕末まで続く。

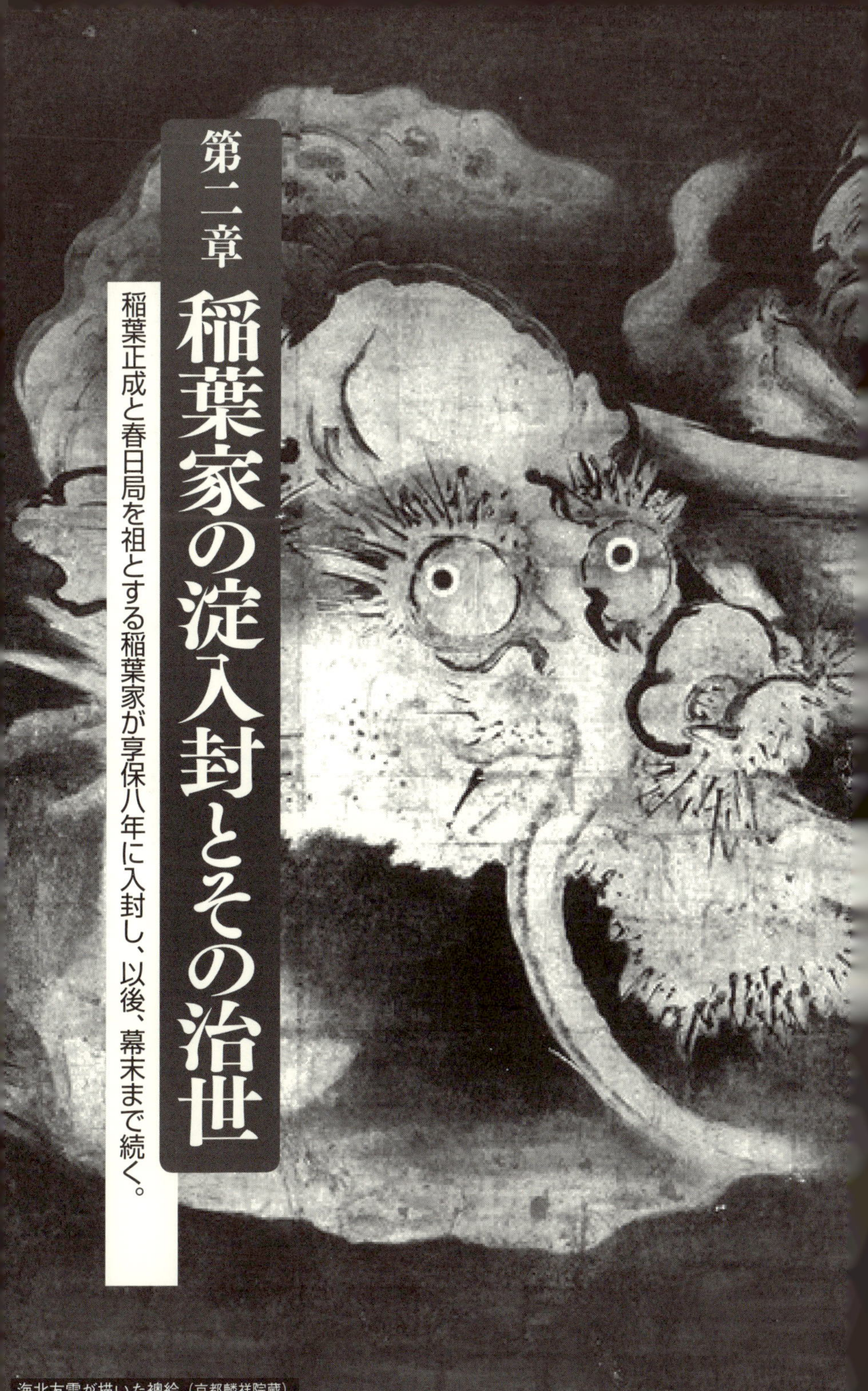

海北友雪が描いた襖絵（京都麟祥院蔵）

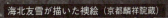

① 家祖稲葉正成と春日局

正成は関ヶ原の戦いで小早川秀秋の付家老として参陣。のち下野真岡二万石の大名へ。
正成の妻春日局は三代将軍家光の乳母として、大奥を整備する。
二人の活躍で稲葉家は譜代大名として歩み出す。

稲葉家の系譜

松平乗邑にかわり、享保八年（一七二三）、下総佐倉から稲葉正知《まさとも》が十万二千石で入封した。以後、幕末維新期までの百四十五年間、十二代にわたって稲葉氏が淀を治めることになり、その治世はこれまでのどの大名よりも長かった。

稲葉氏といえば、戦国時代の武将として、また茶人・歌人としても知られた稲葉一鉄《いってつ》（良通《よしみち》）が有名だろう。一鉄はもともと美濃の守護職を務める土岐《とき》氏に仕えていたが、土岐氏滅亡後は斎藤道三《さいとうどうさん》に仕え、安藤守就《あんどうもりなり》・氏家直元《うじいえなおもと》（卜全《ぼくぜん》）とともに「美濃三人衆」と呼ばれた。永禄十年（一五六七）の織田信長による美濃侵攻を助け、その後は信長・秀吉に仕えた。この一鉄の系譜を引く家には二家あり、一家は淀藩主、もう一家は豊後臼杵《うすき》藩主となる家である。豊後臼杵藩の方は一鉄

稲葉家家紋
（折敷に三文字）

の二男ではあるが嫡男《ちゃくなん》（正室が産んだ男子）の貞通《さだみち》を藩祖とするのに対し、淀藩稲葉家はその成立がいささか複雑である。

稲葉正成の生涯

淀藩稲葉家はその始祖を稲葉正成《まさなり》としているが、正成は元亀二年（一五七一）、美濃国本巣《もとす》郡十七条城《じゅうしちじょうじょう》（現岐阜県瑞穂市）の城主であった林政秀《まさひで》の二男として生まれた。そのころ、林政秀の領地と曽根《そね》城主であった稲葉一鉄の領地が接しており、たびたび合戦となったが、雌雄を決することができなかったことから、和

稲葉正成の肖像画
（神奈川県立歴史博物館蔵）

稲葉家系図①

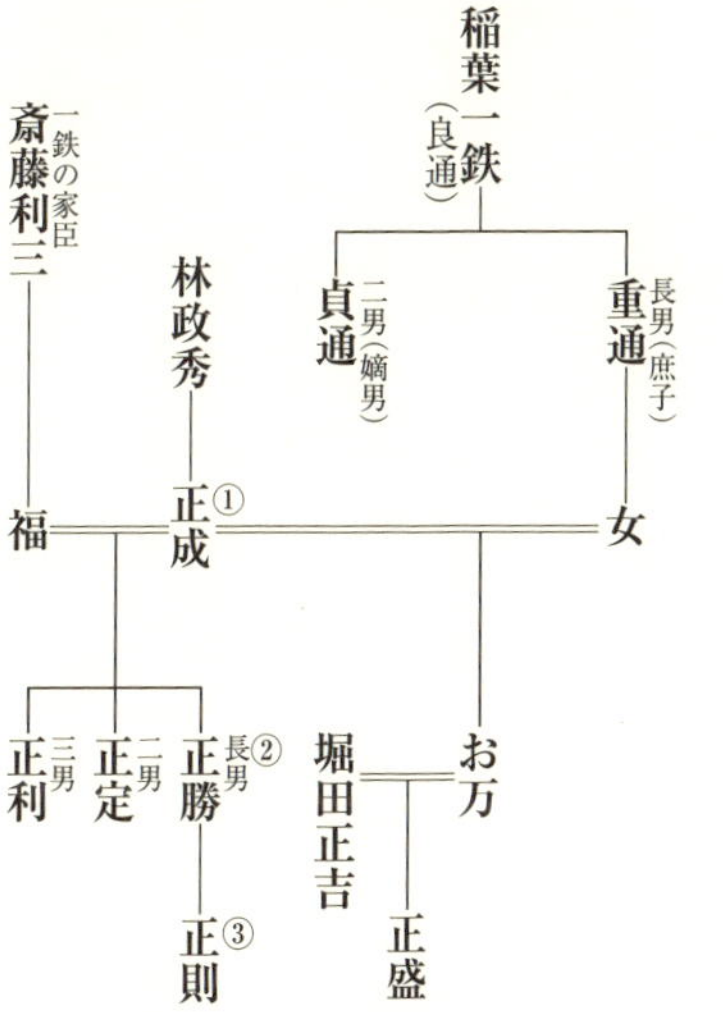

睦の条件として正成を一鉄の長男ではあるが庶子《しょし》（側室が産んだ子ども）である、重通の娘婿《むすめむこ》とすることとなった。これにより、正成は稲葉姓を名乗ることとなる。

その後、正成は豊臣秀吉に仕え、天正十二年（一五八四）に犬山《いぬやま》の陣に参戦したのを皮切りに、四国平定や小田原の陣などに従った。文禄の役では小早川秀秋《こばやかわひであき》に属し、たびたび軍功があったことから、五万石をもって秀秋の付家老となった。

慶長五年（一六〇〇）の関ヶ原の戦いにおいて、秀秋を石田三成《いしだみつなり》率いる西軍から徳川家康率いる東軍へと寝返らせたのは、正成の策略であるといわれている。正成は井伊直政《なおまさ》とともに石田三成の居城佐和山《さわやま》城（現滋賀県彦根市）の攻略に加わって三の丸を攻め落とし、城の攻略に成功した。これにより、関ヶ原の戦いにおける東軍の勝利は「秀秋のみならず、正成の功績大である」として、家康は正成を褒め称えた。

しかし、慶長六年ごろになると正成と秀秋との間に亀裂が生じることになる。正成は秀秋が行う政治に諫言したにもかかわらず、秀秋が聞き入れなかったことから、正成は突如、秀秋のもとを去った。ただ、徳川将軍家としても関ヶ原の戦いを勝利に導き、江戸幕府の礎を築いたともいえる正成を浪人のままにしておくわけにはいかず、同十二年には正成の生家である林氏が所領していた十七条城を中心に一万石を与えることとした。大坂の陣では大坂と京都とを結ぶ京街道の要所である河内枚方《ひらかた》（現大阪府枚方市）を守り、落城後は摂津平野《ひらの》（現大阪市平野区）

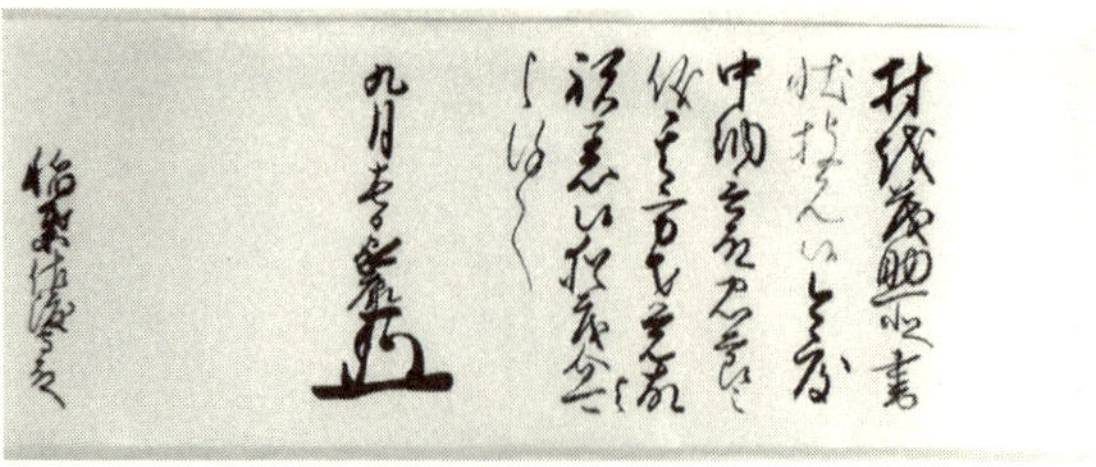

稲葉正成宛徳川家康書状（田辺家蔵）

において落ち武者の首二七をあげるという華やかな軍功をあげた。

元和四年（一六一八）には結城《ゆうき》秀康《ひでやす》★の二男である松平忠昌《ただまさ》が越後高田藩主となったのを機に、正成はその付家老となって越後糸魚川《いといがわ》二万石を与えられた。同九年には忠昌が越前福井へと転封になるが、これには従わず、再び浪人となり、嫡男正勝《まさかつ》のもとで暮らすという道を選んだ。

隠居生活を送っていた正成のもとに、寛永四年（一六二七）二月、再度幕府へ出仕するようにとの命が下ると同時に、下野真岡《もおか》で二万石を与えられ、十二月には従五位下《じゅごいのげ》佐渡守《さどのかみ》に叙任された。こうした経歴を見ていると、幕府がいかに正成を重用していたかを窺い知ることができる。このように幕府からさらなる活躍が期待されていたにもかかわらず、叙任からわずか九カ月後の寛永五年九月十七日、五十八歳でその激しすぎる人生を終えた。その遺骸は寛永寺の子院である現龍院（現東京都台東区上野）に葬られた。

なお、現在の淀城公園（現京都市伏見区淀）には、家祖稲葉正成を祭神とした稲葉神社が建っている。また、正成が所領とした栃木県真岡市周辺では、現在でも地域ぐるみで正成の位牌を安置し、法要を行っているという。これは正成が地域の有力な家々の土地を除地（年貢を免除された土地のこと）とし、慈悲深い政治を行ったことから、地域の人々はその徳を称え、除地のことを正成の官職をとって「佐渡さま免《めん》」と呼んで大事にするとともに、正成の霊を弔うために位牌を安置

▼結城秀康
徳川家康の二男で豊臣秀吉の養子となり、羽柴秀康と名乗る。天正十八年（一五九〇）には下総結城氏の養子となり、結城秀康と名乗る。関ヶ原の戦いでは上杉を抑えた功により、越前六十八万石を与えられた。

稲葉神社

したのだという。幾度となく主君をかえるほど気性の激しい正成であったが、いまもなお、地域の人々に親しまれていることを考えれば、正成は領民にとって「名君」であったといえるだろう。

春日局の出生

稲葉家が近世大名として成長していく過程において最も大きな役割を果たしたのが、春日局《かすがのつぼね》である。平成元年（一九八九）のＮＨＫ大河ドラマ「春日局」で大原麗子が主演し、また近年ではフジテレビ系列で放映され、舞台化もされた「大奥」で松下由樹が主演したことで一躍有名になった人物で、三代将軍家光の乳母として大奥をつくった人物といえば、おわかりだろう。

彼女の生涯を一言で表すならば、まさに「波乱万丈」という言葉がふさわしい。春日局は名を福《ふく》といい、美濃の戦国武将稲葉一鉄の家臣斎藤利三《としみつ》の末娘として、天正七年（一五七九）に生まれた。利三は一鉄のもとで武功をあげたのち、明智光秀に迎えられ、家老として丹波《たんば》一万石を領した。しかし、天正十年六月二日、明智光秀が主君織田信長を討った本能寺の変および山崎の合戦に利三も従ったが敗走、近江堅田《かただ》（現滋賀県大津市）で捕縛され、六条河原で斬首となった。

父を失った福は、父の友人で画家の海北友松《かいほうゆうしょう》や母の親戚にあたる三条西実条《さんじょうにしさねえだ》の支援もあって、何とか生き延びることができ、のちに父の主君であった稲葉一鉄に引き取られ、彼のもとで幼少期を過ごした。一鉄は重臣であった斎藤利三の娘にこの上ない愛情を注ぎ、和歌や書、茶道など考えられる教養のすべてを身につけさせたという。

　福が十七歳になったとき、林政秀の二男で、一鉄の長男重通《しげみち》の養子となっていた正成《まさなり》との縁談が持ち上がった。正成は当初、重通の娘と結婚していたが、その娘が二児を残して他界してしまったことから、福は後妻として正成に嫁すことになる。二人の生活は正成が秀吉から小早川秀秋の付家老を命じられたことから、丹波亀山（現京都府亀岡市）で始まった。この間、秀吉による朝鮮出兵があり、正成も主君小早川秀秋とともに出陣したが、無事に帰還し、長男正勝《まさかつ》も生まれた。

　親子三人での安らかな生活が始まるかに思われた矢先、関ヶ原の戦いが起こり、小早川秀秋の付家老であった正成は、家康への寝返りを秀秋に勧め、東軍を勝利に導いた。正成の働きにより、秀秋は備前岡山五十一万石の領主となるなど破格の扱いを受け、正成も五万石を有することになったが、その後すぐに秀秋のもとを去ってしまう。その理由はさきに見た通りであるが、生まれたばかりの二男正《まさ》定《さだ》を抱えて福は途方に暮れたことだろう。

春日局の木像（京都麟祥院蔵）

将軍家光の乳母となる

そうした失意のなか、福にとって大きな転機が訪れる。秀忠の正室《せいしつ》お江の方が懐妊したことから、幕府首脳は京都から優秀な乳母を求めることを決めた。これに父の友人であった海北友松や親戚筋にあたる三条西家が福を推挙し、三男正利を生んだばかりの福が取り立てられることとなった。この間の経過については、家康自らが福を選んだという説や、福自らが京都の町場に掲げられた高札を見たという説があるがいずれも不確かなものである。

慶長九年（一六〇四）七月十七日、お江の方は男児を生む。家康は男児の誕生を喜び、自らの幼名であった竹千代《たけちよ》と名付けた。これがのちの三代将軍家光である。家光の乳母となった福は江戸城で暮らすようになり、当時七歳となっていた長男正勝が家光の小姓として召し出されることも決まった。

家光の乳母としてのスタートを切った福は病弱な家光を支え、その後の生涯を賭けて家光に尽くすことになるが、最初の試練は家光の実母お江の方との確執であった。家光の誕生から二年後、国松《くにまつ》（のちの駿河大納言忠長《するがだいなごんただなが》）が誕生すると容姿端麗で利発な国松に秀忠・お江の方の寵愛が集まり、家臣までもが次期将軍に国松を擁立するような動きを見せ、幼い家光は自殺を図るまで追い詰められたとい

徳川家光の肖像画写
（東京大学史料編纂所蔵）

う。その姿を見た春日局は当時駿府城にあった家康を訪ね、家光を将軍にするよう懇願する。家康は鷹狩りを口実に江戸城を訪れ、家光を自らのもとに呼びよせる一方で、同じように家康のもとに来ようとする国松を制し、「そなたは家光の家臣となる身であるので、身分をわきまえよ」と戒めた。このことにより、後継将軍は家光と決した。

福から「春日局」へ

元和九年(一六二三)、三代将軍に就いた家光は参勤交代の制度を明文化した武家諸法度を定めるなど、幕府制度を盤石のものとしていった。あわせて、江戸城の修築にも取り掛かり、幕府の機関が集まった「表」、将軍が政務を執り行う「中奥」、そして福が整備した、将軍のプライベート空間である「大奥」とが明確に区切られ、大奥は将軍のみが立ち入ることのできる、男子禁制の場となった。福は大奥を整備し、大奥詰めの女性たちに給料(合力金)が出るような仕組みをつくり、自らは老中と交渉するだけの権勢を身につけていくようになる。

その最たるものが後水尾天皇への拝謁であった。これは紫衣《しえ》事件★を受けて、悪化していた朝廷と幕府との関係を修復することを目的としたものであった。ただ、将軍の乳母とはいえ、無位無官の女性が天皇に拝謁するわけにはいかなかったの

▼紫衣事件
紫衣とは紫色の法衣や袈裟のことで、朝廷から高僧に授けられたものであったが、江戸幕府は禁中並公家諸法度によってそれを制限した。ところが、後水尾天皇は幕府に相談なく、十数人の僧侶に紫衣を授けたところ、幕府はそれを無効とした。これに抗議した大徳寺の沢庵などが流罪となり、後水尾天皇の退位の引き金となった。

で、縁戚でかつて養育してもらったことのある三条西家へ頼み、当主実条《さねえだ》の妹分として参内し、天皇に拝謁した。このとき、「春日局」という名と従三位★の位を授けられ、当時の女性としては破格の扱いを受けることとなった。

現在、京都妙心寺《みょうしんじ》の塔頭麟祥院《りんしょういん》や東京都文京区湯島の麟祥院に残る春日局の肖像画は緋袴《ひばかま》を着用した姿で描かれている。緋袴は朝廷の女性用の装束であり、そのような姿で描かれているということは春日局が官位を持つ女性であったことを示している。なお、この絵像は家光が春日局の還暦を祝って狩野探幽《かのうたんゆう》★に描かせたものといわれている。

寛永十八年（一六四一）には家光に待望の男子が生まれ（のちの家綱）、稲葉家は相模小田原八万五千石、外孫の堀田正盛には下総佐倉十一万石が与えられるなど、春日局にとってはうれしいことが続いた。その一方で、寛永十一年（一六三四）には家光を支え、江戸幕府の礎を築いた長男正勝が三十八歳の若さで亡くなり、家光の弟忠長に仕えていた三男正利が忠長改易事件に連座して配流となるなど、子どもたちに相次いで起こる不幸な出来事は老年に達した春日局に大きなショックを与えた。

こうした心労もたたってか、春日局は体調を崩しがちになる。その容体を聞いた家光は侍医を遣わしたり、老中酒井忠勝《ただかつ》・松平信綱に託して自らの書状を遣わすが、春日局は薬を一切口にしなかった。ついには家光自らが春日局を見舞い、

▼従三位
御三家の当主が任じられるなど、官位のなかでもかなりの高位にあたる。

▼狩野探幽
江戸時代初期の画家。幕府の御用絵師となり、二条城や名古屋城の障壁画の制作にかかわった。

春日局の木像を安置する御霊屋
（京都麟祥院）

薬を飲ませたが、春日局は飲むふりをするだけで、決して口にすることはなかった。

　これは家光が幼いころ、疱瘡《ほうそう》を患った際、春日局が薬断ちをして、家光の快方を願ったからであるという。当時疱瘡は「黒疱瘡は器量を奪い、赤疱瘡は命を奪う」といわれ、赤い湿疹が出ると、命までを失う危険な病気であった。こうした危険な病気から家光を救ってくれた神仏に対し、最後まで誓いを守った春日局は、寛永二十年、六十五歳の波乱万丈の生涯に幕をおろした。

　なお、病床にある春日局に薬を飲ませるために家光が用いた器が、現在、静嘉堂文庫美術館に収められている国宝「稲葉天目」という茶器であるといわれている。灰釉のかかった非常に美しいこの天目茶碗は、将軍家光と春日局、お互いの愛情を伝える逸品として長らく稲葉家に伝えられていた。

春日局の肖像画（京都麟祥院蔵）

②菩提寺麟祥院

江戸と京都にある菩提寺麟祥院は、春日局の法号に由来する。
春日局のほか、歴代当主の多くが葬られている。
格式の高さから、将軍の代替わりの際には新将軍に拝謁することが許された。

歴代藩主と麟祥院

現代社会において、われわれの檀那寺《だんな》はたいてい一カ寺であるが、江戸時代の大名の場合、数カ寺あることも珍しくなかった。稲葉家においてもいくつかの菩提寺があり、東京都文京区駒込にある養源寺は二代正勝が元和二年（一六一六）に創建したもので、四代正往《まさゆき》・五代正知《まさとも》・十二代正備《まさなり》を祀る。東京都墨田区向島《むこうじま》の弘福寺《こうふくじ》には三代正則《まさのり》・七代正恒《まさつね》が葬られており、各寺院には稲葉家ゆかりの寺宝と墓碑を見ることができる。こうした数ある菩提寺のなかでも京都と江戸の麟祥院は春日局ゆかりの寺院として、現在でも旧藩主家・旧藩士の崇敬を集めている。

京都の麟祥院は寛永十年（一六三三）、春日局の菩提寺として建立された。開祖

麟祥院山門

には鍋島勝茂《なべしまかつしげ》の子どもである碧翁愚完《へきおうぐかん》を迎え、妙心寺内に寺領二百石が与えられた。麟祥院という寺号は春日局の長男稲葉正勝の死後、春日局が麟祥院殿仁淵了義尼大姉《りんしょういんでんじえんりょうぎにだいし》という法号を授けられたことに由来する。

寛永二十年に春日局は波乱の人生を閉じるが、三代将軍徳川家光はその遺体を江戸の天沢寺《てんたくじ》（のちの麟祥院）に葬り、京都の麟祥院には後水尾天皇から下賜された御所の釣殿《つりどの》を移築させ、そのなかに局の木造を安置した。それ以降、麟祥院は稲葉家の菩提寺として、歴代藩主が帰依し、墓地には淀城内や京都所司代・大坂城代在職中に没した八代正親《まさちか》・九代正益《まさよし》・十代正弘《まさひろ》・十一代正諶《まさのぶ》が葬られている。

稲葉家ゆかりの品々はかつて小田原に領地があったことから、現在は神奈川県立歴史博物館に収められているが、麟祥院にも春日局や歴代藩主の遺品が数多く保管されている。春日局愛用の硯箱や食器などからはいつまでたっても色あせない、輝きを見ることができる。また春日局の長男正勝が幼いころに着用した兜や戦陣に赴くときに愛用したという数珠と袈裟入れ、歴代藩主の書や絵画などが残されており、いかに麟祥院が藩主家から崇敬の念をもって扱われていたかがわかる。

また、麟祥院本堂にある雌雄一対の龍の襖絵は、江戸時代初期の絵師海北友雪《かいほうゆうせつ》によるものである。友雪は海北友松の子どもで、父を早くに亡くしてからは京都

麟祥院全景

でほそぼそと絵描きとして生計を立てていた。それを知った春日局は友雪を御用絵師として推挙し、のちに友雪は狩野探幽に従って数々の障壁画作成にかかわった。春日局は幼少期に海北友松から受けた恩を忘れることはなく、友松への恩返しを果たしたのであった。

明治三十年（一八九七）、花園高校建設にともない、現在の地に移転するが、本堂・御霊屋《おたまや》・唐門《からもん》・庫裏《くり》・書院などは創建当時のままとされる。

なお現在、東京都文京区湯島の地にも麟祥院が存在するが、こちらは幕府の恩恵に報いるため春日局が寺院の建立を思い立ち、それを知った家光が境内地を与え、寛永元年（一六二四）に報恩山天沢寺を創建した。その後、春日局が没したのを機に麟祥院と改めた。

松岳和尚、新将軍と対面する

京都麟祥院にはさきほど見た寺宝のほかに、藩主稲葉家と春日局の外孫の系統にあたる堀田家とのやりとりを記した古文書も多く残る。そのなかで、稲葉・堀田両家および幕府との関係を示すものとして、十二代将軍となった家慶に拝謁するため江戸へと向かう松岳和尚の旅日記を見ておこう。なお、麟祥院は春日局の菩提寺という格式の高さから、将軍の代替わりごとに新将軍に拝謁することが通

海北友雪が描いた麟祥院の襖絵

例となっていた。
これに関する第一報は、天保七年（一八三六）九月二十三日にもたらされ、「翌年四月に将軍の代替わりが行われる」という内容であった。年が明けて四月二日、麟祥院の松岳和尚は京都所司代・京都町奉行のもとを訪れ、将軍就任のお祝いを述べるなど京都でのあいさつを行った。その後、町奉行から参府の許可がおりた松岳和尚は稲葉家京都屋敷と江戸屋敷に連絡をとり、八月二十八日から二十九日ごろには京都を出発する旨を伝えると同時に、参府には多額の資金を要したことから、稲葉家に金三〇両を用立ててもらっている。

このように準備万端整えた松岳和尚一行は予定通り八月二十九日、京都を出発する。京都蹴上《けあげ》（現京都市東山区）で送別の宴を催してもらい、当日は草津宿《くさつ》（現滋賀県草津市）で一泊した。一行は中山道にルートを取り、鳥居本《とりいもと》（現滋賀県彦根市）―赤坂《あかさか》（現岐阜県大垣市）―御嶽《みたけ》（現岐阜県御嵩町）―中津川《なかつがわ》（現岐阜県中津川市）―須原《すはら》（現長野県大桑村）―宮ノ越《みやのこし》（現長野県木曽町）と宿泊を重ねた。同年二月十九日に大坂で大塩平八郎《おおしおへいはちろう》の乱が起こったことから、木曽福島の関所では厳重な人別改めが行われたと記す。

その後、洗馬《せば》（現長野県塩尻市）―下諏訪《しもすわ》（現長野県下諏訪町）―坂本《さかもと》（現群馬県安中市）―新町《しんまち》（現群馬県高崎市）―熊谷《くまがや》（現埼玉県熊谷市）―浦和《うらわ》（現さいたま市）―蕨《わらび》（現埼玉県蕨市）―岩淵《いわぶち》（現東京都北区）へと歩を進めた。下諏訪では温泉が

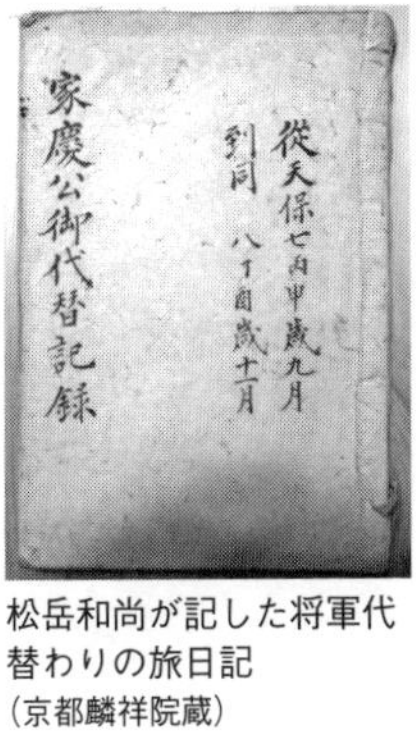

松岳和尚が記した将軍代替わりの旅日記
（京都麟祥院蔵）

気持ちよかったのか、「入湯都合好」と記しているが、秋雨の影響からか、大雨による川留めにあうことが多く、苦労しながら、ようやく九月十三日の夕方、江戸の麟祥院へ到着した。

到着後は稲葉・堀田両家と連絡を取り合い、稲葉家からは登城するための供揃いを用意してもらっている。また、対面までに日にちがあったことから、江戸にある臨済宗同派の寺院を訪れたり、来訪を受けたりしている。

思わぬトラブル

松岳和尚と将軍との対面は十月一日と決し、準備を進めるのだが、ここで大きな問題が起こった。前例からいけば、将軍との対面場所は白書院《しろしょいん》であるはずだが、天明七年（一七八七）、家斉が十一代将軍となった時には帝鑑之間《ていかんのま》であったことが、前日になって判明した。しかも麟祥院は春日局の菩提寺であるという格の高さから、将軍には「独礼《どくれい》」（将軍が拝謁者から一人ひとりあいさつを受けること）する慣わしであるにもかかわらず、帝鑑之間では一同揃っての「惣礼《そうれい》」だという。「本来だと白書院で「独礼」であるはずの麟祥院が、ほかの大名や寺院とともに将軍に拝謁するのはいかがなものか」ということになり、結局、一日のお目見えを差し控えることとなった。この手違いを重く見た寺社奉行青山忠良《ただなが》は、取り調べを進

東海道と中山道

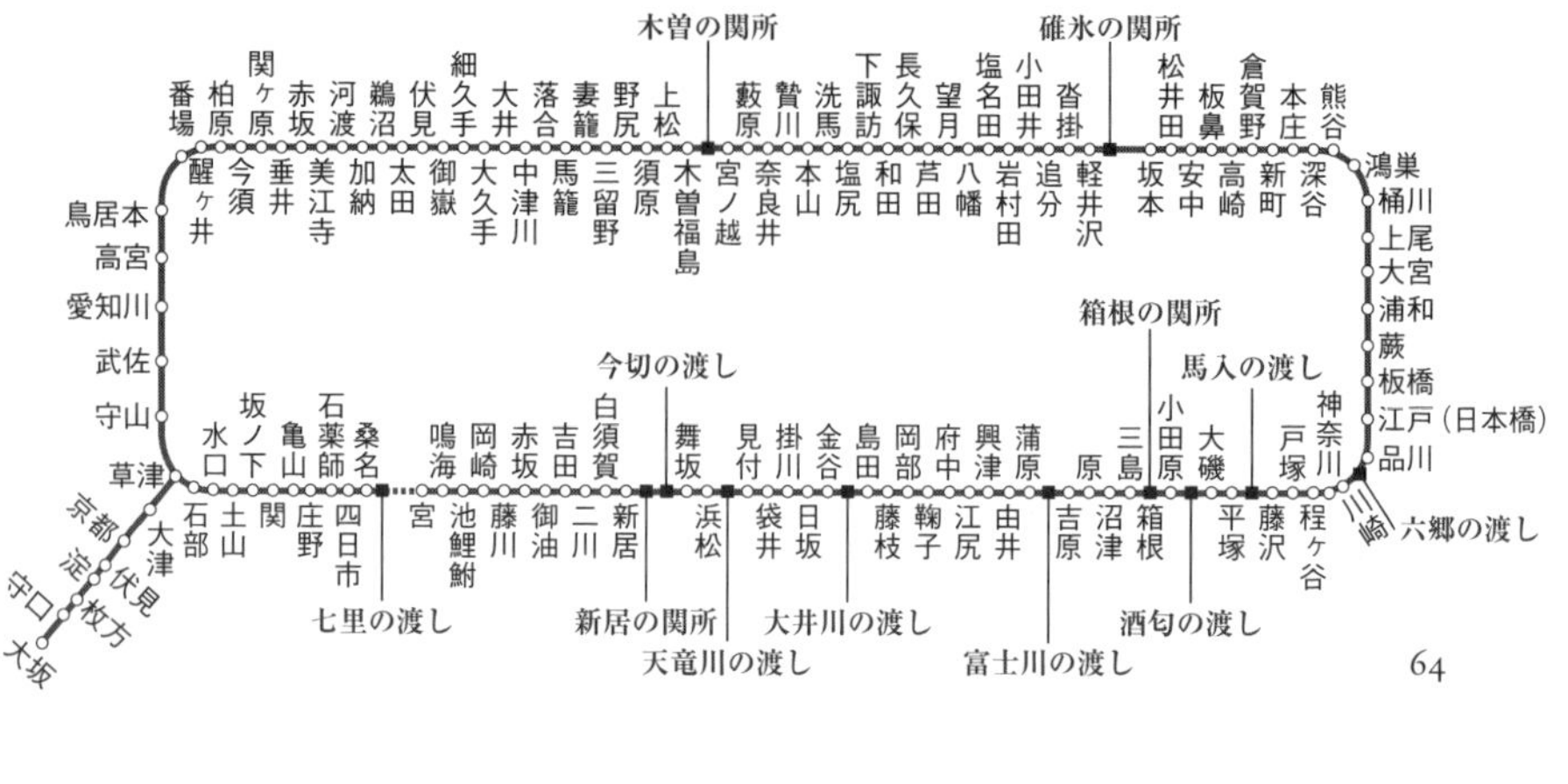

めた結果、天明七年のときは列席者一同が帝鑑之間でお祝いを述べたが、今回は先例の通り、白書院で「独礼」となり、お目見えは十五日と決まった。

十五日当日は午前五時ごろに稲葉家から借りた供揃いが到着したが、荷物持ち人足は江戸麟祥院から、諸道具や人足用の合羽は借物屋（江戸時代のレンタルショップ）からそれぞれ調達しており、供の者やそれにかかわる道具類を揃えるのに苦慮したことがわかる。準備を整えた一行は、午前六時、江戸城に向け出発した。登城後は大広間《おおひろま》に案内され、松岳和尚が持参した献上品には下げ札が付けられ、ほかの大名・寺院などの献上品同様、大廊下《おおろうか》に並べられた。「習礼《しゅうらい》」と呼ばれる予行演習が行われたのち、十二時になって新将軍家慶が出座すると、盛岡藩主南部利済《なんぶとしただ》や与板藩主井伊直経《よいたなおつね》などの諸大名、三河大樹寺《みかわだいじゅじ》★・浅《あさ》草誓願寺《くさせいがんじ》★などの各寺院に続き、麟祥院松岳和尚も新将軍との対面を果たした。下城後は稲葉・堀田両家へのあいさつを済ませ、午後三時、江戸の麟祥院へと帰着した。

将軍との対面を終えた松岳和尚は二十一日、江戸をあとにする。江戸を出立するにあたっては、稲葉・堀田両家をはじめ、同派寺院から多くの餞別が贈られた。帰路は東海道にルートを取り、品川（現東京都品川区）—藤沢（現神奈川県藤沢市）—小田原（現神奈川県小田原市）—箱根（現神奈川県箱根町）—沼津（現静岡県沼津市）—興津《おきつ》（現静岡市）—金谷《かなや》（現静岡県島田市）—舞坂《まいさか》（現静岡県浜松市）—赤

▼三河大樹寺
文明七年（一四七五）に松平親忠によって開かれた浄土宗の寺院で、松平家・徳川将軍家の菩提寺。

▼浅草誓願寺
もとは小田原にあったが、北条氏滅亡後は徳川家康の招きにより、江戸の神田に移った。明暦の大火ののち、浅草に移転。

坂（現愛知県豊川市）—宮（現名古屋市）—四日市《よっかいち》（現三重県四日市市）—土山《つちやま》（現滋賀県甲賀市）—草津と宿泊を重ね、十一月三日、自院に着いた。京都から出ることの少ない当時の人にとって、約二カ月にも及ぶ、江戸への旅、しかも物見遊山の旅ではなく、和尚にとって一生に一度あるかないかの将軍との対面や式典への参列は思い出深いものになったことだろう。

③ 歴代藩主の横顔

二代正勝・三代正則によって稲葉家の礎が築かれる。
歴代藩主は寺社奉行・大坂城代・京都所司代を務めるなど要職を歴任する。
しかし、早世する藩主が多く、家督相続が問題化する。

淀入封までの稲葉家

淀藩稲葉家は正成を祖とし、正成とその妻春日局の功績もあって、二代正勝は飛躍的に出世を遂げた。正勝は慶長九年（一六〇四）、徳川家光の側近として五百石の旗本に取り立てられるや、小納戸役《こなんどやく》を振り出しに、元和九年（一六二三）には家光の将軍就任とともに本丸年寄（のちの老中）に昇進した。その後は家光の絶大な信頼を背景に、寛永五年（一六二八）には父正成の遺領二万石をあわせて下野真岡四万石、同九年には相模《さがみ》小田原八万五千石を領する譜代屈指の大名となった。正勝の跡を継いだ三代正則も四代将軍家綱のもとで頭角をあらわし、万治元年（一六五八）には老中に就任、寛文三年（一六六三）には一万石の加増、延宝八年（一六八〇）には所領をさらに一万五千石加増されて合計十一万石を領する

稲葉正勝の肖像画
（神奈川県立歴史博物館蔵）

こととなり、有力譜代大名家として幕閣内に確固たる地位を築いた。正勝・正則の時代に家中の諸体制も確立し、この二代で近世大名家として実質的な基盤が築かれた。

その後、四代正往《まさゆき》（のち正通）は奏者番《そうじゃばん》→寺社奉行→京都所司代→老中と要職を歴任したが、所領は貞享二年（一六八五）に相模小田原から越後高田へ、元禄十四年（一七〇一）には高田から下総佐倉へと頻繁に移動した。これに関しては、太平洋側の比較的温暖な地域であった小田原から、豪雪地帯として有名な越後高田への転封は藩主・家臣にとって厳しいものであったようで、正往は江戸近くの要地への再転封を懇願した結果、佐倉への転封が叶ったという。

そして享保八年（一七二三）、五代（淀藩初代）正知の代に至って松平（大給）乗邑と入れ替わる形で山城淀へ入封し、ここに淀藩稲葉家が成立、以後明治までの百四十五年間、稲葉家が十万二千石を有する淀藩主として、藩政を執り行うこととなる。

早世する藩主

六代（淀藩二代）正任は正徳四年（一七一四）に生まれ、享保十四年（一七二九）七月父の遺領を継ぐが、わずか半年後の十五年正月には十七歳で亡くなってしま

稲葉正則の肖像画（稲葉神社蔵）

う（菩提寺は江戸の麟祥院）。

正任には世継ぎがなかったことから、三代正則の二男で、すでに七千石の旗本として別家を立てていた正倚《まさより》の三男正恒《まさつね》を養子に迎え、七代（淀藩三代）当主とした。正恒は宝永三年（一七〇六）の生まれで、享保十五年（一七三〇）正月に宗家の家督を継いだものの、同年三月には亡くなってしまう（菩提寺は弘福寺）。

相次ぐ藩主の急死に直面した稲葉家中では、お取り潰しの憂き目に遭うかもしれないという雰囲気に包まれたが、藩首脳は三代正則の五男で、二千石の旗本として別家を立てていた正直の養子となっていた正親《まさちか》（もとは大田原晴川★の子）を急遽、跡継ぎとして幕府に申し出た。正親は元禄五年（一六九二）、下野《しもつけ》大田原に生まれ、享保八年には正直家を継ぎ、小姓組番頭となる。そこに宗家襲封の白羽の矢が立ったのである。正親の藩主就任については、八代将軍吉宗の意向が強く働いていたといわれており、正恒の死後二カ月というブランクがあったものの、同年五月に遺領を継いだ。同十六年には奏者番、同十九年六月には大坂城代へと昇進するが、在職中の同年九月大坂において没した。享年四十三歳、京都の麟祥院に葬られた。

なお、正任・正恒の二代にわたる藩主の早世と正親藩主就任までのいきさつについては、次節で詳しく見ることとしたい。

▼大田原晴川
下野大田原藩（現栃木県大田原市）二代藩主大田原政清の六男。

京都麟祥院にある歴代藩主の墓碑

不運な藩主

八代（淀藩四代）正親《まさちか》のあとを受けて、正親の子どもである正益《まさよし》が九代（淀藩五代）当主に就いた。正益は享保三年（一七一八）に生まれ、同十九年に跡を継いだ。父と同様、奏者番や寺社奉行を務めたが、歴代藩主のなかで正益ほど不運な藩主はいないだろう。というのも、元文五年（一七四〇）九月十六日、石清水八幡宮の放生会《ほうじょうえ》★に勅使《ちょくし》として参詣していた公家清水谷雅季《しみずだにまさすえ》の従者が淀間小橋から落下し、溺死するという事件が起きた。橋は老朽化が進んでいたようで、日ごろから橋の管理・修繕を担当していた淀藩に責任があるということになり、藩主正益の監督不行き届きということで約一カ月間、江戸城への登城を自ら慎んだ。

また、宝暦六年（一七五六）二月には雷によって天守をはじめとする城の主要な建物が焼失する事態となり、幕府からは再建費用一万両が貸し与えられたが、天守はこれ以降再建されることはなかった。こうした不運に見舞われたなか、明和八年（一七七一）九月、正益は淀城内で没した。享年五十四歳。遺骸は京都の麟祥院に葬られた。

十代（淀藩六代）正弘は延享四年（一七四七）に生まれ、明和八年に父の死を受けて、藩主の座に就いた。しかし、わずか二年後の安永二年（一七七三）九月、

▼**放生会**
殺生を戒め、慈悲の行いを実践するため、捕らえた虫や魚、動物などの生き物を解き放って自由にする法会。

十代当主正弘の書（稲葉神社蔵）

二十七歳という若さで亡くなり、京都の麟祥院に葬られた。

稲葉家系図②

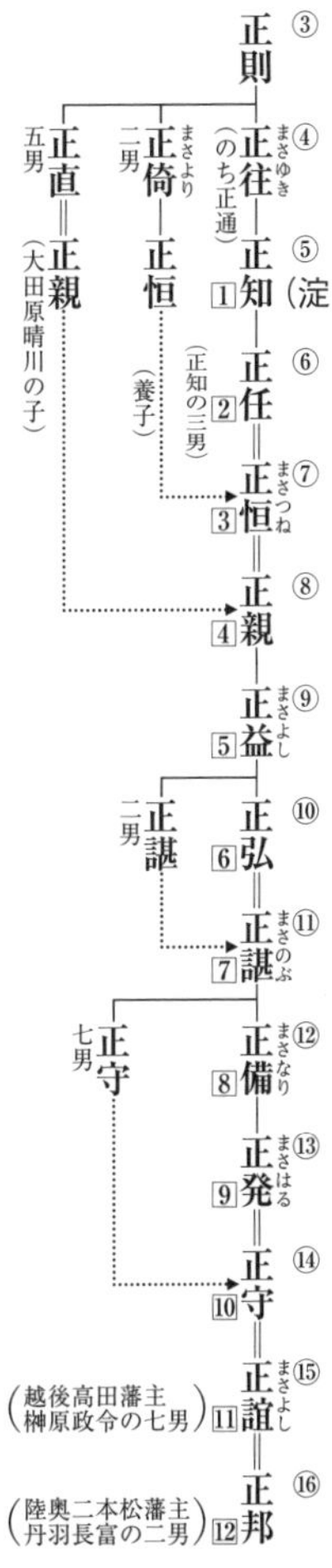

藩領の細分化

十代正弘には世子がいなかったため、正益の二男（正弘の弟）であった正諶が十一代（淀藩七代）当主に就いた。正諶も父である正益同様、奏者番・寺社奉行を歴任し、大坂城代・京都所司代も務めた。藩主になってまもなく、淀城が暴風雨と洪水によって大破するとともに、領内では数年間にわたって凶作が続いたため、幕府から五千両を借り受けた。

相次ぐ天災や城の修築費用、幕府への借金返済など、このころから淀藩の財政はみるみる窮乏化していった。正諶は領内村々から年貢や金子、人夫の調達をスムーズに行うため、遠隔地にある領地をできるだけ淀の周りに振り替えるよう幕府に願い出た。幕府は正諶の意向を受けて、四代正往のときに与えた越後の領地二万七千石を、畿内の和泉国和泉・南・日根、近江国野洲《やす》・浅井・伊香《いか》・滋賀・栗太《くりた》・甲賀《こうが》・蒲生《がもう》と、関東の下総国相馬、常陸国真壁・上野国勢多《せた》の各郡内に振り替えた。畿内の領地は年貢米収納・人夫の調達という観点から必要不可欠であったが、同時に振り替えられた関東近郊の領地は、幕府の要職に就くことの多かった稲葉家にとって、江戸での生活費や飯米を賄うための領地（在府賄領）であった。

しかし、この領地振り替えの結果、当初、山城・摂津・河内・近江・下総・常陸・越後の計七カ国一五郡であった領地は、山城・摂津・河内・和泉・近江・下総・常陸・上野の計八カ国二五郡となり、ただでさえ散在所領

天明7年(1787)の淀藩領一覧

旧国郡名	現地域	石高（単位：石）
山城国 久世郡・紀伊郡・綴喜郡・相楽郡	京都府 京都市伏見区・京田辺市ほか	19348
摂津国 嶋下郡	大阪府 豊中市・吹田市ほか	7408
河内国 渋川郡・若江郡・高安郡	大阪府 八尾市・東大阪市ほか	14074
和泉国 和泉郡・南郡・日根郡	大阪府 和泉市・岸和田市ほか	4279
近江国 滋賀郡・高嶋郡・栗太郡・野洲郡・甲賀郡・蒲生郡・浅井郡・伊香郡	滋賀県 守山市・栗東市ほか	33591
上野国 勢多郡	群馬県 前橋市・赤城村ほか	4345
常陸国 真壁郡	茨城県 下妻市・下館市ほか	1451
下総国 相馬郡・印旛郡・埴生郡・香取郡	茨城県 利根町ほか 千葉県 印西市ほか	21164

（『淀領引継文書集』より作成）

であったものが一層その度合いを増すこととなり、正諶が目指した財政再建策はかえって、年貢収納や夫役の徴発に手間がかかるなどの不利益を招く結果となった。

十二代正備《まさなり》（淀藩八代）は文化三年（一八〇六）、正諶の跡を継いだ。同五年・六年には西の丸大手御門番を、十一年には紅葉山火之番《もみじやまひのばん》を務めたが、翌年二月ごろから病気がちとなり、三月八日に三十七歳で没した。菩提寺は駒込《こまごめ》の養源寺《ようげんじ》。

十三代正発（淀藩九代）は文化十二年に家督を継ぎ、同十三年三月には東叡山へ公家衆が参拝する際の警護役を務め、六月には大手御門番を務めた。

幕末期の藩主

十四代（淀藩十代）正守は正諶の七男で、文政六年（一八二三）に正発の跡を継いで藩主となり、奏者番・寺社奉行を歴任した。しかし、病弱であったため、天保四年（一八三三）には両職を辞し、養子正誼に家督を譲って隠居した。ただし、彼は安穏と隠居生活を送っていたわけではない。幕政に参与する十六代正邦にかわり、藩内・家中の改革に取り組むのである。

十五代（淀藩十一代）正誼は越後高田藩主榊原政令の子で、天保十三年一月に日光山霊廟《にっこうさんれいびょう》・諸堂社などの修復助役を務めたが、嘉永元年（一八四八）に十九歳の若さで没した。

十六代正邦（淀藩十二代）は最後の藩主であるが、彼は陸奥《むつ》二本松《にほんまつ》藩主丹羽《にわ》長富《ながとみ》の二男で、十五歳で正誼の遺領を継いだ。稲葉家では長らく老中を輩出していなかったが、安政五年（一八五八）の奏者番、文久三年（一八六三）の京都所司代を経て、元治元年（一八六四）と慶応二年（一八六六）の二度にわたり老中に就任し、幕末の混乱期において幕府を支え、「最後の老中」となった。老中在任中は幕制改革にともなって国内事務総裁も兼務し、その能力を十二分に発揮した。

なお、幕末期の藩主の活躍については、第五章でさらに詳しく紹介することとしたい。

④ 御家存亡の危機

六代正任・七代正恒が相次いで早世することで、御家断絶の危機。
御家存続に向けて奔走する家臣たち。
春日局や二代正勝・三代正則の功もあって、御家断絶を免れる。

『徳川実紀』に見る騒動

これまで見てきたように、稲葉家では早世する藩主が多く、しかも他家からの養子がたびたび藩主に就くことがあったものの、御家騒動や御家断絶の憂き目に遭うこともなく、比較的安定して家を継承してきたといえる。ただ、六代正任・七代正恒の早世による継嗣問題は一歩間違えれば、「お取り潰し」の憂き目に遭う危険性をはらんでいた。

この間の出来事は、幕府の正式な記録である『徳川実紀』にも見ることができる。原文は文語体であるので、ここでは意訳によってその内容を見ることにしよう。

『徳川実紀』第九篇

稲葉正知が享保十四年（一七二九）五月二十九日に亡くなった。長男の正貞は病気がちで、二男の三十郎は若くして亡くなったので、三男の正任が世継ぎとなった。正任は十七歳で従五位下に叙せられて美濃守と称し、父である正知の領地を継いだが、その翌年、重い病にかかってしまい、一族や分家はもちろん、家臣たちまでもが悲嘆に暮れた。

将軍吉宗公は侍医の橘隆庵を呼び、「美濃守（正任）の病状はどうか」とお尋ねになったので、隆庵は「病は非常に重く、危険な状態でございます」と答えた。吉宗公は「それならば、今から稲葉家へ行って、家中の者に次のように申し伝えよ。稲葉の家は春日局より興ったものであり、局は将軍家に対して格別の功労者であるので、家督相続のことは心配ない。そのようなことに思い悩まず、正任は養生するように」とおっしゃった。隆庵は早速稲葉家に赴き、その旨を伝えたので、一族や家臣の者たちは大変恐れ多く思いつつも、安堵した。

その後、正任は治療の甲斐もなく、一月半ばに亡くなったので、分家の正恒に家を継がせたが、正恒もその年に亡くなってしまった。家中の者たちはこぞって嘆き悲しむ一方で、家督相続について薄氷を踏むような不安な心地であったが、この度、分家の者で小姓組番頭の正親に家督相続が認められたので、みな安心し、吉宗公の特別な取り計らいをありがたく思った。

徳川吉宗の肖像画写
（東京大学史料編纂所蔵）

矢継ぎ早に当主を亡くした稲葉家では家中一同「薄氷を踏む心地」であったが、春日局の働きが高く評価され、吉宗は正親に家督相続を認めた。
なお、この記述に関連して、以下の記事も挙げておこう。

『徳川実紀』第八篇

享保十五年（一七三〇）正月十四日、山城国淀城主稲葉正任には子がなかったので、分家で寄合（旗本で三千石以上の無役の者）の稲葉正恒に領地十万石を継がせた。正恒の七千石の領地と屋敷地は幕府へ返還した。この正任は故正知の子で、享保十年九月朔日《ついたち》に初めて吉宗公にお目見えし、十三年十二月二十一日に従五位下に叙せられて美濃守と称し、十四年七月十六日に家督を相続した。しかし、この月（享保十五年一月）十二日に十七歳で亡くなった。

『徳川実紀』第九篇

稲葉正任はわずか十七歳の若さで亡くなり、家督を継ぐ子がなかったので、通例であれば御家断絶になるはずであったが、分家の正恒に家督相続が認められた。その時、吉宗公は幕府の儒官である林信篤《のぶあつ》★を通じて内々に、「大猷院殿《たいゆういんどの》（徳川家光のこと）の幼いころから、春日局が心を尽くして誠実に仕えたことは、

▼林信篤
江戸時代中期の儒学者で、上野忍ケ岡にあった林家の家塾を湯島に移し、幕府の学問所とした。

比類なきことである。その縁によって、稲葉家は切れ目なく家督相続し、老中にも任じられたのである。いまこそ、その功績を思い、美濃守（正任）が若くして亡くなったけれども、領地はそのまま正恒に下げ渡そう」とおっしゃったので、一族をはじめ、家臣に至るまで大変ありがたいことであると思った。

ここでも家光に仕えた春日局の功績とそれによって老中まで上り詰めた正勝・正則・正往の働きがあったからこそ御家存続が認められたことが強調され、家臣一同は「領地はそのまゝ下さるゝなり」と喜んでいる様子が記されている。

『風雲実録』に見る騒動

ただし、『徳川実紀』の記述は幕府に伝えられた表面上の事柄のみを収録していると思われる。実際にはこの間、稲葉家においては藩論を二分するような、「御家の危機」に陥っていたのである。ここではそれをどのように乗り切ったのか、継嗣問題にかかわった藩士自らが詳細に書き残した史料、『風雲実録』から見ることにしよう。

ことの発端は、享保十四年（一七二九）五月二十九日に五代正知が亡くなったことによる。当時十六歳であった正任が跡継ぎと目されたが、このときすでに病

稲葉家系図③

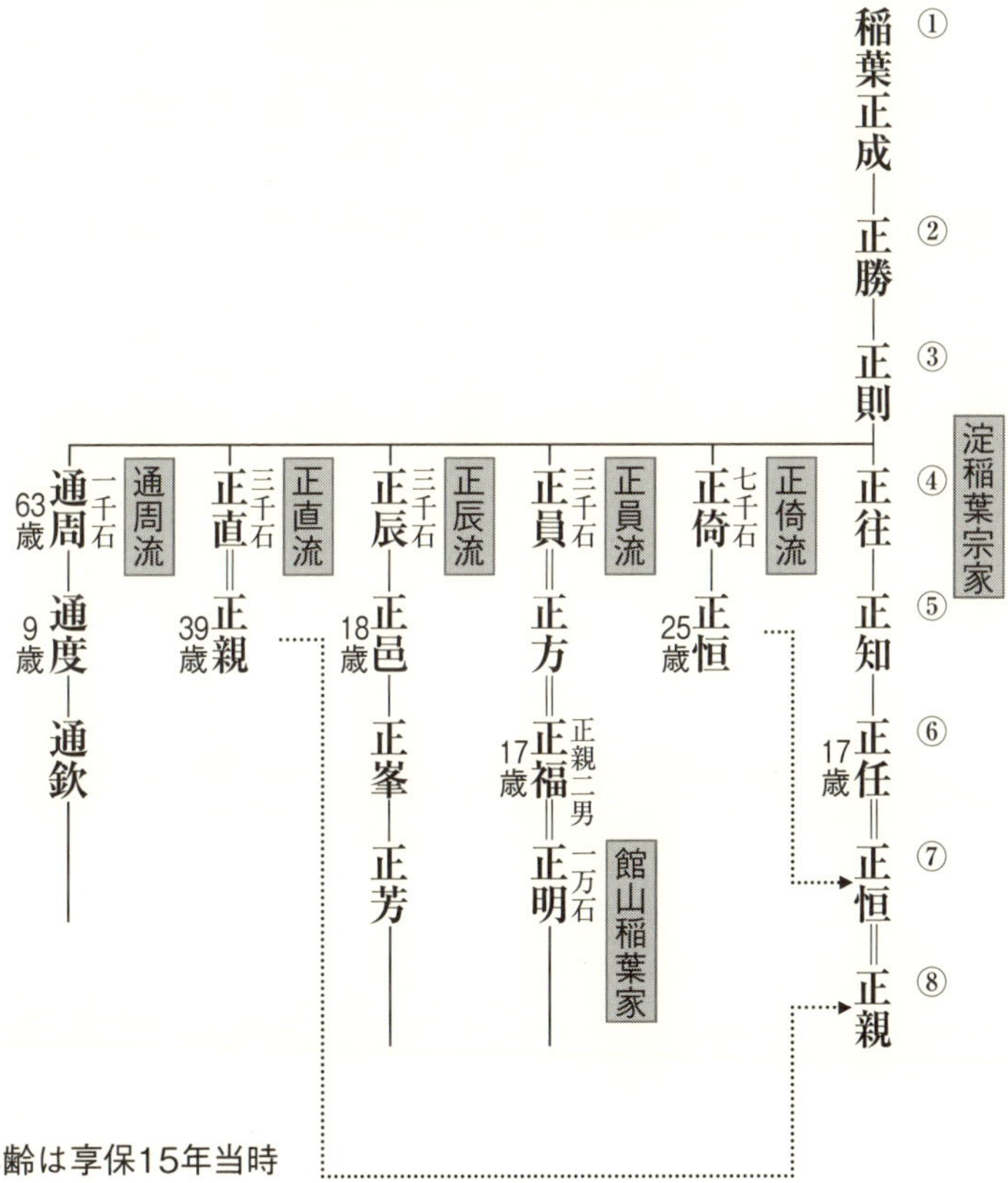

年齢は享保15年当時

を患っており、正知の葬儀にも参列できないような状況であった。万が一、それが幕府に露見すると、幕府法に従えば、藩はお取り潰しになる可能性があった。藩内には藩主の兄弟や分家などからでも当主を迎え、何としても御家存続を図る一派（穏健派）と、「二万石・三万石残り可申よりハ、一向りつは（立派）に御つふし可被遊候」という記述が物語るように、「家督騒動で減封されるよりは、いっそお取り潰しになった方がよい」と主張する、ある意味、幕府に抵抗するような勇猛果敢な家臣（武断派）の二派があった。

御家存続を第一とする穏健派の松尾一左衛門・辻元左衛門（軍使・執次並）・西尾新五左衛門（家老）・佐瀬千左衛門（御側）・田崎覚左衛門（者頭・執次並）・河田杢太夫（目付）・宮地要三（医師）の七人は、六代藩主正任の生母浄林院《じょうりんいん》や正任の叔母にあたる智泉院《ちせんいん》、一族のなかでも年長者で人格者との評判が高く、分家の養子に入っていた稲葉正親と相談しながら、正任の跡継ぎを模索し始める。

彼らが継嗣問題に積極的にかかわらざるを得なかったのは、藩の運営を一手に任されていた家老を中心とする御用部屋の意思決定が心もとなく、正親もまた、家中の動揺や稲葉家の行く末を憂慮していたからである。

彼らは正任が病気であることを幕府に届ける一方で、早くも正任の後継者選びに乗り出した。正親は自らが後見役となることで、分家稲葉正倚《まさより》の三男正恒を養子と決めた。老中松平乗邑や水野忠之への働き掛けも功を奏し、正親が名代として登城、正恒が養子と認められた。さきの七人はそれをよろこび、稲葉家は「御家運強」く、しばらく「落涙」したという。その後、享保十五年一月十二日、六代藩主正任が十七歳で没した。

予定通り正恒が藩主に就任したことで、一安心した家臣たちであったが、状況は再度思わぬ方向へ動き出す。三月に入ると今度は正恒が病気となった。前後して、さきの七人は智泉院に相談、智泉院は藩政・家中を取り仕切る年寄役を呼出し、自らの意思を伝えたという。智泉院がこのように力をふるえたのは、この時点で春日局の血を引く人物が彼女一人となっており、家中で一目置かれる存在であったからである。一方、後見役であった正親は松尾一左衛門・辻元左衛門とともに智泉院と会談し、そこで内々に藩主就任を打診されたものと思われる。正親自らは他家から稲葉分家へ養子に来た身であり、宗家を継ぐことは荷が重いと一度は辞退したが、三月十六日いよいよ正恒の病状が差し迫ったものとなり、稲葉家の親類が集まって相談した結果、正親が養子となることで決着、老中松平乗邑に届けられた。この届からわずか八日後、正恒は没する。

藩主家との関係

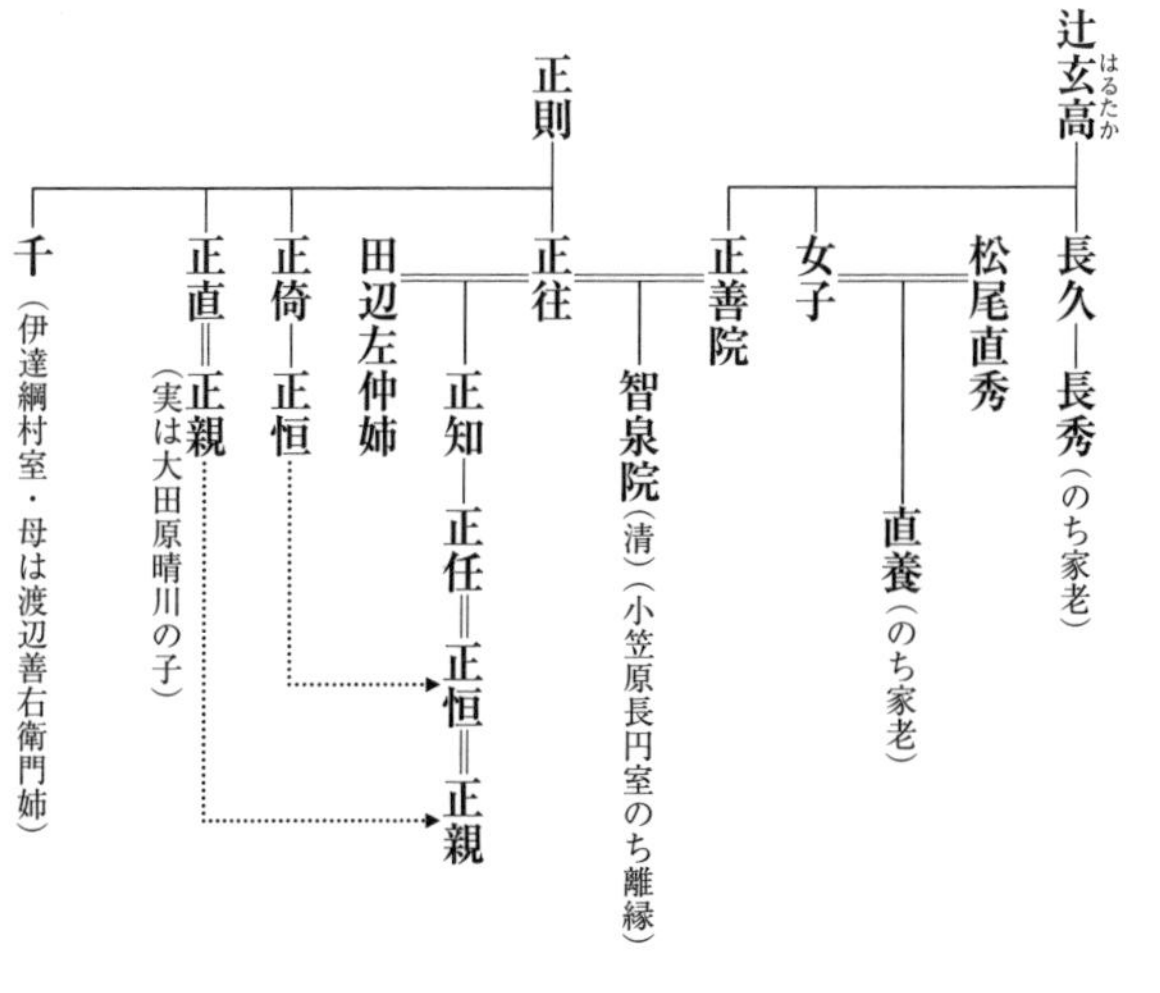

正親の家督相続

三月二十七日に正親は親類の稲葉通周《みちちか》をともなって江戸城に登城、藩主就任を認められ、四月二日、築地《つきじ》にある中屋敷に入った。翌三日には稲葉家の縁者をはじめ、家臣を前に、「自らは他家からの養子であるが、御血縁の方々と何ら心掛けは変わらない。わが身には不相応であるが、一族の方々と協力して御家を守り、御公儀（＝幕府）へのご奉公を務めるので、皆の者もわれらとともに志を尽くすように」と呼び掛けた。「上下一和《じょうげいちわ》」のもと、役儀のなかで気づいたことがあれば、年寄役に遠慮することなく申し伝え、「忠孝之志《ちゅうこうのこころざし》を尽《つく》」すことが最も大切だとも述べた。正親は、正任・正恒の二代にわたる藩主早世による家臣の動揺をいち早く取り鎮めることで家中を掌握することに成功したといえ、家臣には新藩主である自らのもと、「穏健派」も「武断派」も一丸となって、御家の発展を支えるように求めた。

ことの顚末を書き留めた『風雲実録』の最後には、「享保十四・十五年両年の出来事は当家にとってこれまでにない重大事であり、筆紙に尽くし難い状況であったが、正親公が相続を認められたことは、当家がいかに強運であるかを物語っており、今後も末永く繁栄するだろう」と結んでおり、御家断絶の危機に瀕しながらも、新藩主正親をはじめ家臣七人が「名誉ある断絶」ではなく、「御家存続」に主体的に動いたことで相続が認められ、稲葉家だけでなく、活躍した七家も子々孫々まで永く存続し、これからも協力し合って忠勤に励むことが記された。

ただ、この書物には幕府に報告された内容と異なる記述を含んでおり、相次ぐ藩主の死とそれにともなう、藩主の交代という藩にとっては最重要機密が記された書物であったことから、長らく世に出ることはなく、大正期に淀藩研究を進めた田辺密蔵氏によって一部が紹介されたのみである。本書においてもその一端に触れるのみであったが、この史料は「御家大事」と御家存続に奔走した家臣の行動を知ることができるという点では、淀藩のみでなく、大名家の相続や藩政運営を考えるための大変貴重な史料であるといえるだろう。

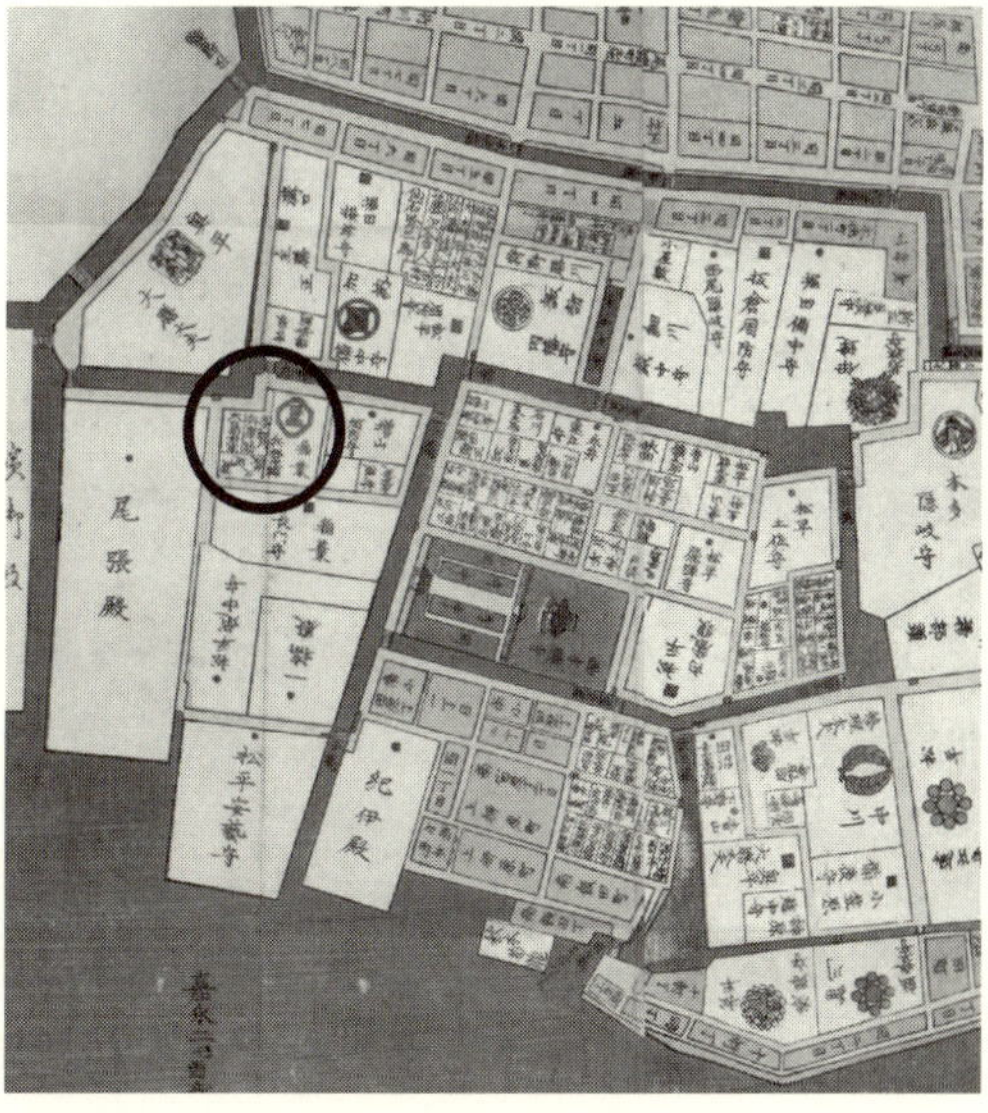

稲葉家中屋敷
（江戸切絵図のうち／国立国会図書館蔵）

これも淀

淀に象がやってきた

第一章では淀の町を通行した外国使節を取り上げたが、淀の町を通ったのは何も人だけではなかった。八代将軍徳川吉宗の求めにより、交趾国《こうし》（現在のベトナム）から贈られた象が享保十四年（一七二九）四月二十五日に淀の町を通行したのである。

このときの様子を藩士渡辺善右衛門が「象要集」としてまとめており、そこには自らが見聞きした淀滞在中の象の様子や町の様子などが記されている。当時、非常に珍しかった象を江戸時代の人々はどのように見たのか、興味深い記事を拾い出して紹介していこう。

まず、善右衛門は伏見で象遣いに色々と質問した人物から聞いた話として、象の生態についての問答を書き留めている。たとえば、「鼻で人を巻いて二間（一間は約一・八メートル）ほど投げ飛ばすと聞いたことがあるが、そのようなことはあるのか」との問いに、象遣いは「これまで、そのようなことはしたことがない」と答え、「どのような鳴き声か」という問いに対しては、「雷の音より凄まじい」と答えている。続けて、「日本の犬のように交趾国では町に象がたくさんいるものなのか」という問いに対しては、「迷惑な質問だ」といって笑ったとあり、「さすがに犬ほどはいない」と言いたかったのであろう。

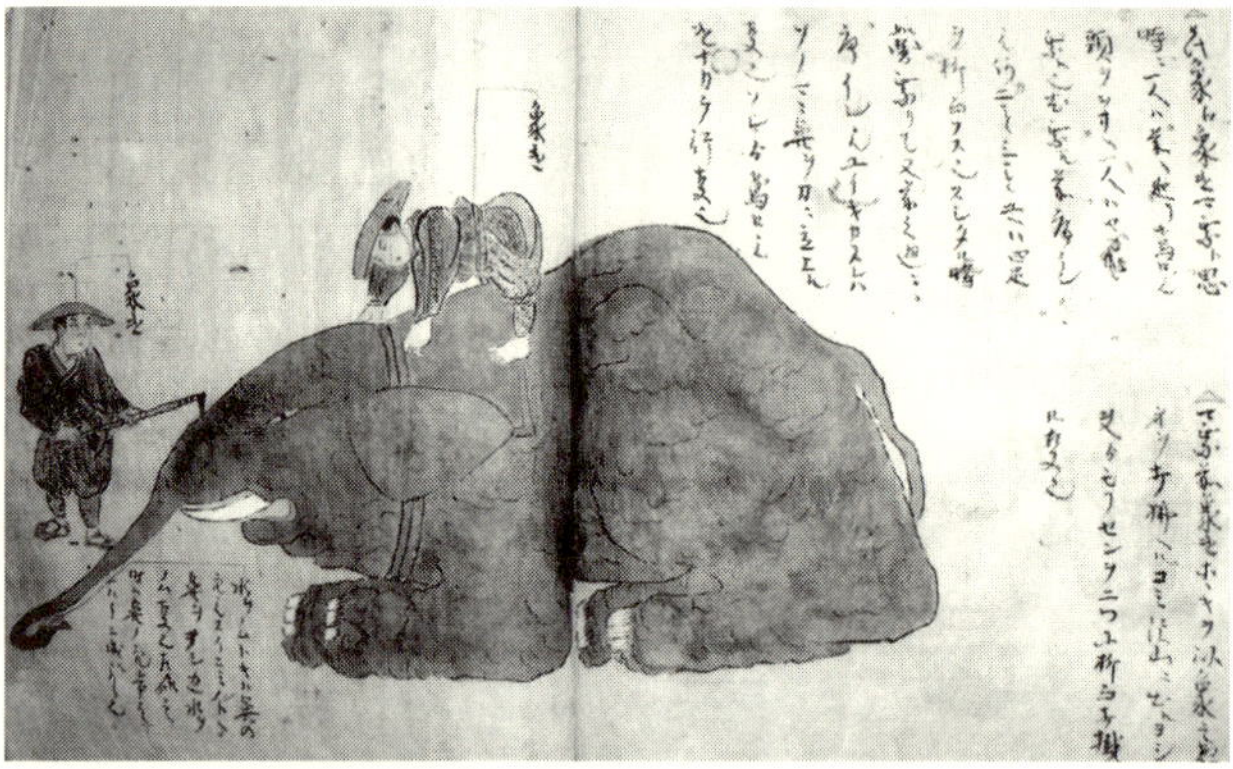

象と象遣い（「象要集」個人蔵）

さらに象の好き嫌いについても尋ねているが、好物については「よくは知らないが、喜んで食べるものとして饅頭があり、伏見逗留中も四〇〇個ほど必要であった」と答えている。嫌いなものについては、「蟻・鼠・猫といわれているが、その通りかどうかはわからない」と回答している。

ただ、「象が饅頭を食べるのか」といった疑問が沸き上がるが、淀で提供した象の餌のリストには、藁二〇〇斤（一斤は約六〇〇グラム）、米六升、笹の葉一五〇斤、橙一〇〇個に加えて、「餡なし饅頭　五〇」とある。この象はよほど饅頭が好物であったのか、「新町之内ニてまんちう二ツ、小屋ニてまんちう、客屋前ニてまんちう二ツ」と城下の行く先々で饅頭を食べている。これよりさき、大坂市中を通行する象を、当時の狂歌師油烟斎貞柳《ゆえんさいていりゅう》が「大象もまんちうくひたい　其時か　本町辺を　通りこそすれ」と詠んでいる。ここでも饅頭が取り上げられており、象の心境を詠み込んでいておもしろい。なお、「本町辺」とあるのは当時、饅頭で有名な虎屋や羊羹《ようかん》で有名な駿河屋などの菓子店が淀屋橋から本町にかけて軒を連ねていたことによる。

さて、淀藩では餌の用意のほかにも象小屋を建てたり、警備の人員を配置したり、その対応に追われた。象小屋は城下の下津町大専寺前に建てられ、間口二間・奥行き三間で青竹による垣根も設けられた。外には象をつなぐための杭なども立てられたようである。

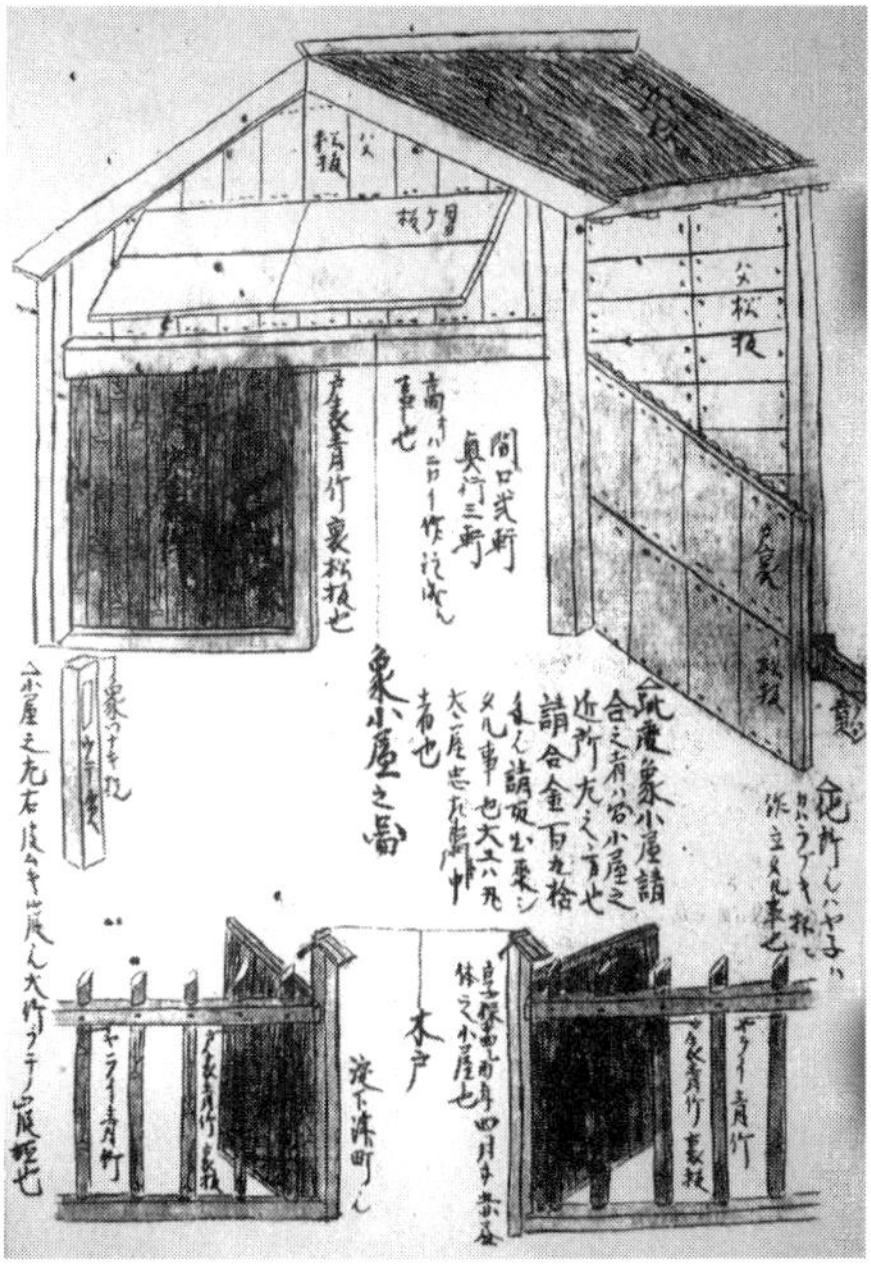

象小屋の図（「象要集」個人蔵）

警備については、大手口・京口など城の城門はすべて閉ざされ、堀端や各町の入り口には竹垣を設置し、人の出入りを制限した。また、近隣村々から城下へ見物に来る人が多かったのか、淀大橋へは下目付や町奉行所の同心、先手組（鉄砲組の足軽部隊）が派遣された。城下の下津・池上両町では見物人が象の通行を妨げないようにするためであろうか、道沿いに縄が張られ、下目付・足軽・同心が配置された。こうした警備の様子は、さながらプロ野球の優勝パレードやオリンピック選手の凱旋パレードの様子を彷彿とさせる。

準備万端整った午前十一時前、象は淀へと到着し、休息を取った。淀藩では家老以下、家中の者が象見物に出掛けたのだが、前日に目付から「象は騒がしいのが嫌いなので、笑わないように」との通達がなされたことから、静かに見物したことだろう。その後、一時間ほどで伏見へと出発し、淀の町も午後二時ごろには平常に戻ったと記されている。わずかな時間ではあったが、はじめて見る象の姿は淀の人々の記憶に深く刻み込まれたことだろう。

なお、この象は四月二十八日に御所へ参《さん》内《だい》し、中御門《なかみかど》天皇・霊元《れいげん》上皇に拝謁した。将軍吉宗には五月二十七日に江戸城大広間前で対面し、その後は浜御殿（現在の浜離宮）で幕府の手によって飼育された。

これも淀

武芸・文芸に秀でた藩士たち

　淀藩士のなかには、その優れた武芸・文芸によって後世に名を残した者も少なくない。藩の弓術指南役を務め、三十三間堂（正式名称は蓮華王院本堂）で行われた通し矢で優秀な成績を収めた竹林専治もその一人である。現在でも「三十三間堂の通し矢」は弓道をたしなむ新成人が晴れ着姿で矢を射る、新春の風物詩としてニュースで見かけるが、江戸時代にはそのお堂の軒下で、約一二〇メートルの距離を射通した矢数を競う競技であり、名だたる弓術家が自らの藩の威信をかけて競い合った。

　竹林専治の場合、安永七年（一七七八）四月二十五日の暮六つ時（午後六時）から翌二十六日の暮六つ時まで、数千本から一万数千本の矢を射続ける「大矢数」に挑戦し、全部で八三二〇本の矢を射、うち射通した矢数は三〇四八本を数えた。竹林家では専治に続き、息子吉萬・才三郎も通し矢を行い、好成績を挙げたことから淀藩稲葉家の名声は一気に高まった。現在でも三十三間堂には吉萬・才三郎の偉業を称える額が残っている。

　しかし、当時の記録を見ると「右胸と脇腹が痛いので、南蛮流の医者に診てもらったところ、筋肉痛と診断された」「肩痛のため稽古を見合わせ、薬湯で揉んだ」という記事があり、さらに大矢数の前月には手首を痛めたので、何度も医者にかかったが治らないため、専治の母が「愛宕の仁王」（愛宕念仏寺《おたぎねんぶつじ》か）へ平癒の祈願に出掛けるなど、専治がこの大矢数に向けてかなり厳しい稽古に取り組んでいたことがわかる。

三十三間堂に今も残る竹林吉萬の額（写真提供：竹林直彦氏）

　つぎに紹介するのは、江戸時代中期の城下の様子について、多くの著作を残した渡辺善右衛門である。彼が書き残した資料としては、当時の城下での暮らしぶりを記した「淀古今真砂子」や淀城と城下町を描いた「山州淀城府内絵図」「山城国淀天守之図」「山城国淀水車之図」があり、いずれも当時の淀を知るために大変貴重なものである。また、こうした淀の風景・風情にとどまらず、外国からの使節についても詳細な記録を残した。なかでも、享保十四年（一七二九）に将軍徳川吉宗へ献上するため、ベトナムから渡来した象を淀城下で迎えたときの記録である「象要集」や、延享五年（一七四八）に徳川家重の九代将軍就任祝賀のために派遣された朝鮮通信使の様子を記した「朝鮮人来聘記」「朝鮮聘礼使淀城着来図」が有名であり、それらの資料に見られる詳細な描写からは、当時珍しかった象や外国の使節に善右衛門が強い関心を持っていたことがわかる。

第三章 淀藩稲葉家の統治機構

様々な役職が設置され、藩の政治・財政が安定的に運営されるようになる。

淀城本丸の石垣

①淀藩の機構

淀藩稲葉家では「御用部屋」と呼ばれる合議機関で重要事項が決定された。役職は大きく、軍事担当である「番方」と民政担当の「役方」に分かれていた。このほかに藩主の身の回りの世話をする者や江戸藩邸に詰める者もいた。

近世大名家における藩政機構は長州藩毛利家のような大藩では解明されているものの、中小譜代藩ではその実態はよくわかっていない。たいていの藩では近世前期に藩政機構が確立するといわれているが、近世後期には藩政改革にともなって新たな役職が設置されるなど、度重なる制度の改変もあって、その実像はわかりにくくなっている。そうした傾向は淀に入封した各家でも同様で、ここでは比較的藩政機構の様子がわかる稲葉家の場合を例にとって話を進めることにする。

藩政機構の概略

淀藩稲葉家の藩政機構は図1・2に、家臣団の構成は表1・2に、家臣団の禄高別構成は表3にそれぞれ挙げた。これらを見ると町奉行・宗門《しゅうもん》方・代官に代

図１　稲葉家役方の組織

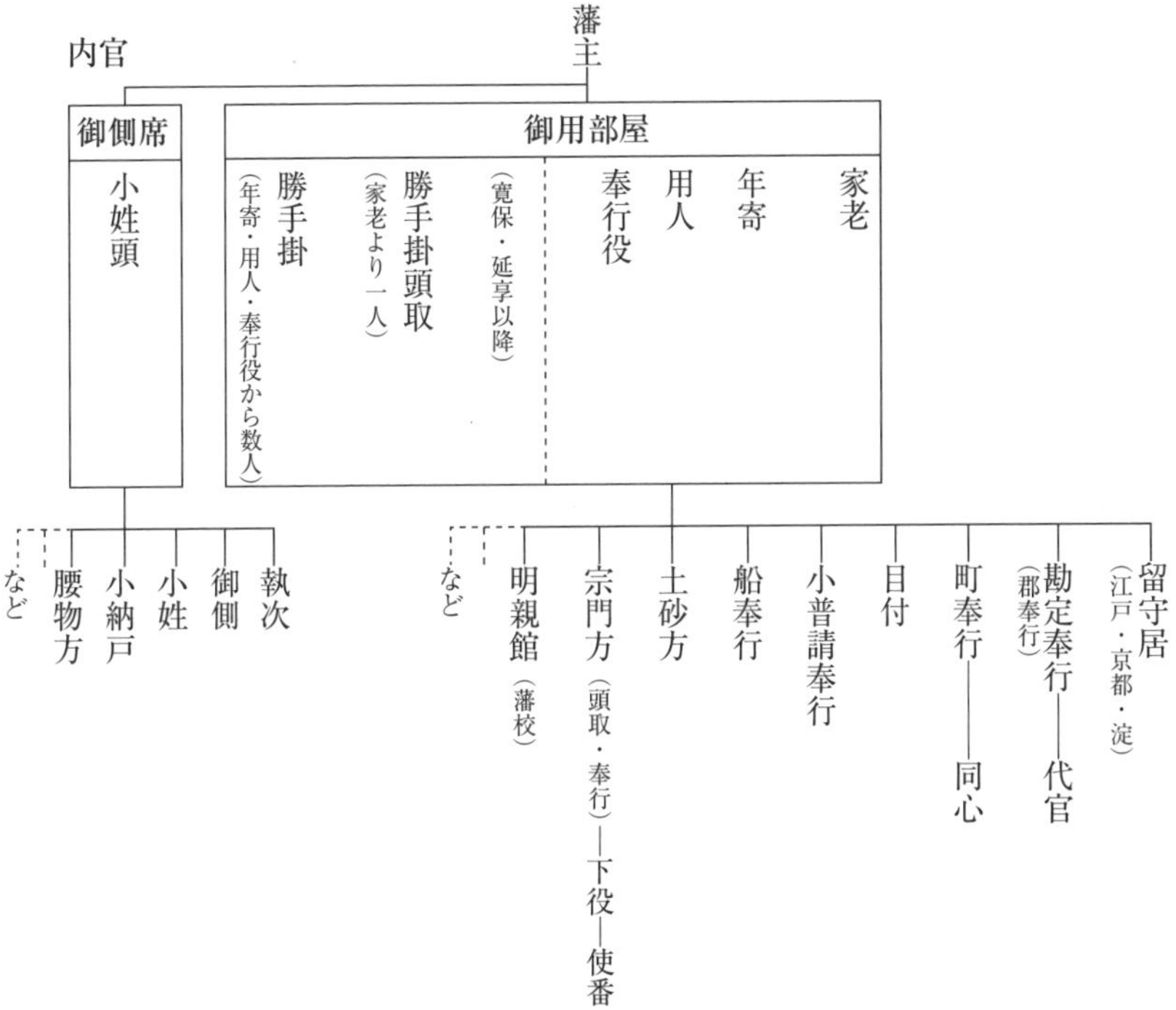

図２　稲葉家番方の組織

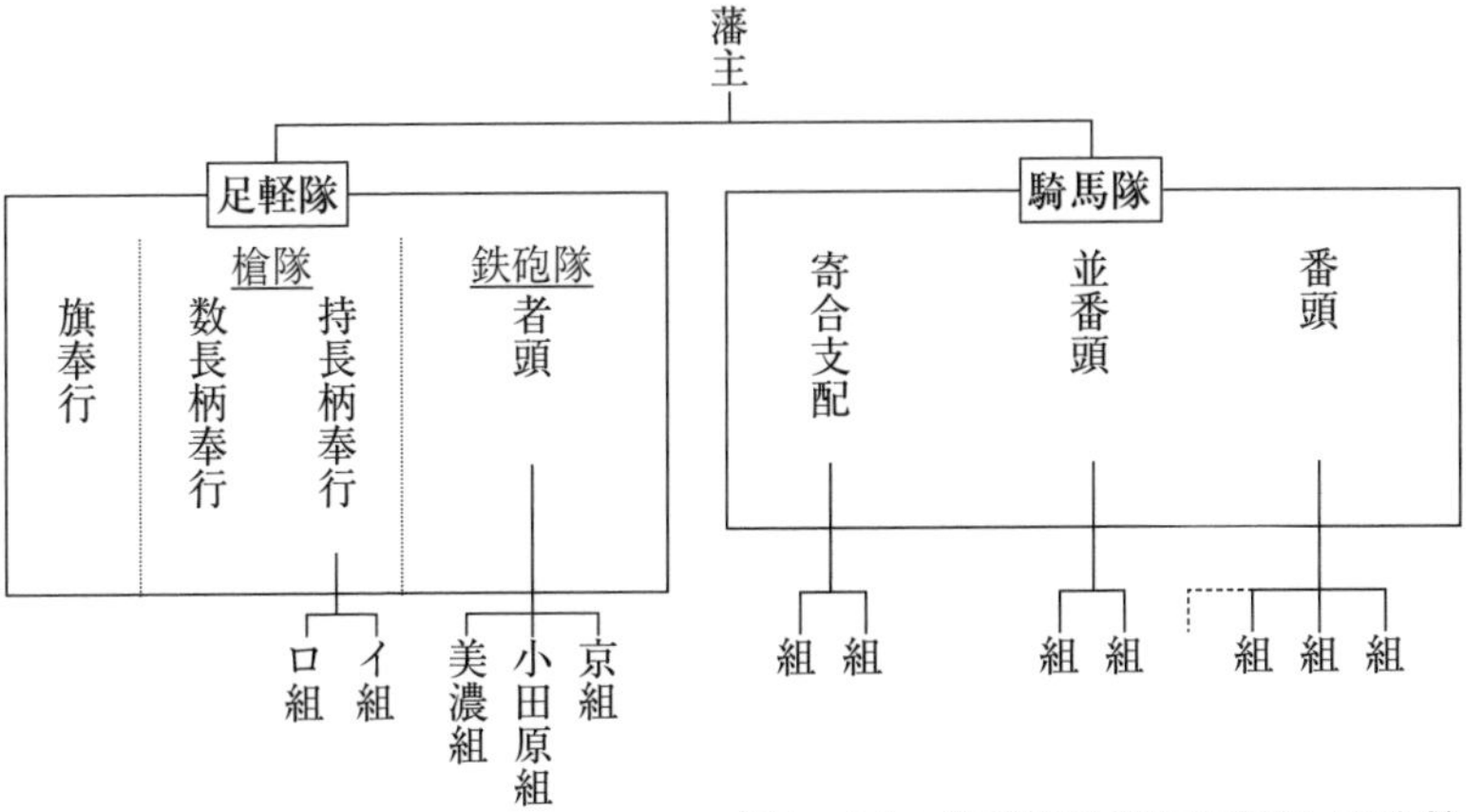

（図１・２とも『澱城温故会第拾壱回報告』より作成）

表1　天保6年の家臣団構成

職　名	人数	職　名	人数	職　名	人数
家老	10	180石	6	中小姓並	8
番頭	3	170石	2	扶持方取	10
並番頭	5	150石	9	寄合	28
用人	2	30人扶持	1	寄合格	7
寄合支配	1	140石	2	御供小姓	61
奉行役	8	130石	14	御扶持方取	6
旗奉行	2	25人扶持	1	書役	5
小姓頭	4	120石	6	御徒	10
者頭	15	23人扶持	1	御徒格	37
持長柄奉行	2	100石	21	勝手目付	8
数長柄奉行	15	20人扶持	3	馬役	5
町奉行	2	120石並番格	1	匕医	9
勘定奉行	3	100石並番	2	匕医並	2
留守居	4	90石	3	医師	14
軍使	15	80石	5	医師並	5
執次	30	15人扶持	6	茶道	3
執次並	6	70石	15	独礼小役人医	1
舟奉行	2	13人扶持	3	立座小役人医	2
御側	2	60石	6	独礼小役人	78
御側並	1	12人扶持	1	立座小役人	34
出入司	1	50石	15	役者	2
金奉行	1	10人扶持	9	坊主	30
奥老	1	並番格	1	坊主格	5
金差方	1	大小姓	13		
280石	1	無足並番	8	合計	727
250石	5	中小姓	56		
200石	4	中小姓格	1		

表2　天保11年の家臣団構成

職　名	人数	職　名	人数	職　名	人数
四家衆	4	奥老	1	帳役	欠
四家並	1	金元方	1	書役	2
家老	8	馬廻	17	御徒格	10
番頭	3	馬廻格	1	御徒格末席	2
並番頭	3	馬廻並番	2	勝手目付	欠
御用人	3	馬廻格並	24	馬役並	1
寄合支配	2	並番格	1	匕医	3
奉行役	10	大小姓	5	医師	10
小姓頭	1	中小姓	16	茶道	1
者頭	3	中小姓格	1	坊主組頭	欠
持長柄奉行	2	中小姓並	4	独礼小役人医師	欠
数長柄奉行	3	中小姓之次	4	立座小役人医師	欠
勘定奉行	1	寄合	16	独礼小役人	42
軍使	11	寄合格	5	立座小役人	8
執次	9	御供小姓	16	立座小役人並	7
側衆	3	御供小姓次	1	坊主	16
				坊主格	6

（表１・２とも須田茂『幕藩制社会解体期の研究』より転載）

表されるような「役方」と呼ばれる民政担当者と、番頭や者頭・数長柄《かずながえ》奉行に代表されるような「番方」と呼ばれる軍事担当者とに二分できる。もともと、大名家は軍事集団であったことから、江戸時代に入り、太平の世となってからも軍事部門が大きなウエイトを占め、格としても「役方」より「番方」の方が上位に位置付けられていた。

稲葉家の場合、藩政機構の中枢は藩主の下に家老・年寄・用人《ようにん》・奉行役といわれる役職があり、これら四職によって構成される「御用部屋」による合議体制を採っていた。歴代藩主が寺社奉行や大坂城代・京都所司代、老中など幕府の要職を歴任することが多く、藩主自らが政治を行うことは稀であり、おのずと藩政運営は家老を中心とする御用部屋で執り行われるようになっていった。

なかでも家老は「四家衆」と呼ばれる、田辺権太夫《たなべごんだゆう》家・松原五左衛門家・稲葉雅楽家・八太《はった》三左衛門家が歴代家老として別格に扱われ、このほかに適宜有能な者を家老へ登用した。一方で、家老を補佐する年寄・用人・奉行役はそれぞれ固定化する傾向にあり、しかも藩主に養子が多かったことから淀藩では家老の発言力が増していったといわれている。

藩政運営は平常時は家老のうちから一人を選び、一カ月交代の当番制を採り、ほかの役職も同様としたが、用人だけは半月交代とした。また藩財政が逼迫する寛保・延享期（一七四一～一七四八）以降は家老のうち一人を勝手掛頭取《かってがかりとうどり》とし、

表3　淀藩家臣の禄高別人数表（慶応4年〔1868〕）

石　高	人数	比率(%)
1,000石以上	4	0.9
500～1,000石未満	3	0.6
400石代	7	1.5
300石代	8	1.8
200石代	42	9.2
100石代	109	23.9
100石未満	283	62.1
計	456	100

（「分限帳」より作成）

年寄以下からも数人の勝手掛を選んで財政再建に取り組んだ。

図1からもわかるように御用部屋の下には藩財政の会計官的な役割と、領地の村々を管理・監督する役割をあわせ持った勘定奉行（稲葉家の場合、郡奉行を兼務）がおり、その配下に代官が位置付けられた。また、淀城下の民政を執り行う町奉行や監察官的な役割を担う目付、江戸・京都・淀に置かれ、対幕府や対他藩との交渉にあたった留守居《るすい》などを藩政運営の根幹とした。このほかには城や御殿の修復・営繕を務める小普請奉行、船舶を管理する船奉行、宗門改めや寺社を監督する宗門方、地域社会の治水や砂防を担当した土砂《どしゃ》方などが置かれた（主だった役職については後述する）。

番方の組織

近世の大名はもともと戦闘集団であったため、大坂の陣・島原の乱以降の平和時においても、有事の備えとして軍事組織と民政組織とを同時にあわせ持つ必要があった。現代のわれわれは江戸時代が幕末まで二百六十五年もの間、平和であったことを知っているが、当時の人々や幕府からすれば、薩摩藩の島津氏や長州藩の毛利氏に対しては絶えず脅威を感じていたに違いない。譜代藩としてもまた、京都の玄関口を預かる淀藩としては軍事面を弛緩することなく、整えておく必要があった。

稲葉家における軍事組織は大きく分けて、諸士を率いる侍大将と足軽を率いる足軽大将とに分類できる。前者は番頭・並番頭・寄合《よりあい》支配があり、後者には旗奉行・者頭《ものがしら》・持長柄奉行・数長柄奉行があった（図2参照）。

まず、侍大将のうち番頭はいわゆる騎馬隊を率いる司令官として禄高百石以上の家臣を、並《なみ》番頭は五十石以上百石未満の家臣を、寄合支配は五十石未満の家臣をそれぞれ編成した。それぞれの定員は組の数に合わせ、番頭六人、並番頭二人、寄合支配二人と定められた。彼らは月に一度会合を開き、日々には城内を巡回し、異常がないかを確認した。

ついで足軽大将である諸役のうち、旗奉行とは戦時においては藩主の近くに控え、旗を預かり、旗組足軽を組織する者であった。定員は二人。者頭は正しくは「御先手《おさきて》御者頭」と呼ばれ、軍隊の先頭に立ち、先陣を切る鉄砲組の足軽たちを統率する者であった（淀藩の場合、鉄砲組であったが、その各組内に二人の弓の者を含んでいた）。組は「京組」「小田原組」「美濃組」といった一六組に分けられているが、これは稲葉家が近世大名として成長するに従って、家臣を増やしてきた過程と符合していると思われる。組頭は組に対応しているので、定員は一六人であった。彼らも月に一度会合を開き、秋には鉄砲の検定があり、七割以上的に当てることができた藩士には褒美が遣わされたが、四割に満たない者は「もっと精を出

藩士の家に残る甲冑（竹林家蔵）

してがんばるように」と申し付けられたという。

者頭が鉄砲隊の組頭であったのに対し、持長柄奉行と数長柄奉行はともに槍組足軽の組頭である。両者の違いは持長柄奉行が藩主の麾下《きか》にあり、組はイ組とロ組の二組であったのに対し、数長柄奉行は各騎馬隊の麾下にあり、組分けはなされなかったという。

各藩士はそれぞれの禄高に応じて、番頭組・並番頭組・寄合士に分かれ、それぞれの組頭の支配を受け、また足軽は旗組・鉄砲組・槍組に分かれ、旗奉行・者頭・持長柄奉行・数長柄奉行に統率され、訓練や軍役をこなした。実際の陣形については、足軽大将である旗奉行に率いられた旗組足軽が先頭に立ち、者頭に率いられた鉄砲組足軽、長柄奉行に率いられた槍組がそれに続いた。諸士は番頭のまわりに配備され、藩主を守った。

藩主近くに仕える人々

つぎに藩主の側近くに務める役職を見ていくことにしよう。彼らは内官と呼ばれ、小姓頭のもと、執次・御側・小姓・出入司・小納戸・腰物方《こしのものかた》・唐物方《からものかた》・御次番・医師・茶道・御供廻《おともまわり》・御徒士《おかち》が編成されていた。小姓頭の詰め所は御側席と呼ばれた。

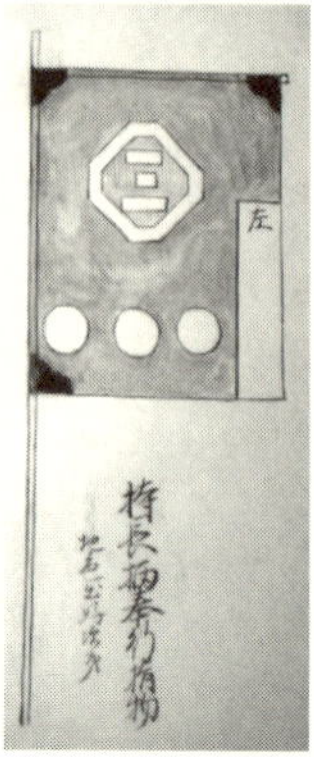

持長柄奉行の旗指物の絵（右）、数長柄奉行の旗指物の絵（いずれも稲葉正輝氏蔵）

藩主のプライベート空間である奥向（稲葉家では御内証《ごないしょう》という）には、奥老《おくろう》の管理のもと御広敷番《おひろしきばん》がいた。藩主の奥方の世話をする者には、老女・御側《おそば》女中・御《お》次《つぎ》女中・御茶の間・御末《おすえ》・女中といった女性たちがおり、こうした女性たちが藩主やその家族の世話をすることで、家中は動いていたのであり、男性だけで藩が支えられていたのでは決してなかった。

江戸藩邸に詰める藩士たち

江戸時代には参勤交代といって自らの領地と江戸とを一年おきに行き来する制度があったことから、各大名は幕府から下付された土地に江戸藩邸を設けた。稲葉家の場合、藩主が居住し、公務を執り行った上屋敷を神田小川《かんだおがわ》町（七一六五坪、現在の千代田区神田小川町二丁目と神田淡路町一丁目）に、上屋敷の控えとしての役割に加え、蔵屋敷《くらやしき》としても使用した中屋敷は築地（二万一六〇坪、現在の中央区築地五丁目）に、別邸や隠居所としての役割を果たした下屋敷は渋谷《しぶや》（五万坪、現在の渋谷区神宮前五丁目と渋谷一丁目）にそれぞれ置かれた。

こうした江戸屋敷にはどのような藩士が勤めていたのであろうか。そのことを明らかにしてくれるのが、天保六年（一八三五）の「淀藩家中名順帳」および文久三年（一八六三）の「淀藩士分限録」から作成した表4である。表4は史料的

稲葉家の家紋を染め抜いた旗指物（竹林家蔵）

表４　淀藩江戸詰家臣の構成

職名	天保6年	文久3年		職名	天保6年	文久3年	
家老	2	1		馬役	3	1	
番頭	1			匕医	4	3	
並番頭	1	2		匕医並		3	
用人	1			医師	6	2	
奉行役	3			医師並	2	2	
旗奉行		1		茶道	1	1	
小姓頭	2			立座小役人医	1		
者頭	2	1		独礼小役人	33	23	うち６人渋谷 うち２人 下総代官手代
数長柄奉行	5						
勘定奉行	1			立座小役人	19	12	うち１人大殿様付 うち２人築地門番 うち１人渋谷門番
留守居	2						
軍使	9	3					
執次	11			役者	2	1	小川町
執次並	1	1		坊主	13	14	うち２人 渋谷大殿様付
御側並	1						
奥老	1			坊主格	2	1	
金差方	1						
並番格	1			250石	2		
大小姓	6	1		200石	1		
中小姓	27	4	うち１人書役	180石	1		
中小姓格	1			150石	1		
中小姓並	8			130石	5		
扶持方取	3			120石	1		
寄合	6	15	うち２人御勘定人 うち１人築地	100石	3		
				20人扶持	2		
寄合格	7	2	うち１人書役	90石	2		
御供小姓	28	23	うち２人御勘定人	80石	2		
御扶持方取	8	2		15人扶持	3		
書役	3			70石	5		
御徒	3	4		60石	4		
御徒格	11	14		50石	7		
勝手目付	4			10人扶持	3		

な制約もあり、記載した両年で人数などに違いはあるものの、淀と同様に上は家老から、下は小役人に至るまで多くの藩士が江戸藩邸に詰めており、寺社奉行や老中として幕政に参画することの多かった稲葉家にとって、どうしても江戸に多くの家臣を割かなくてはならなかったことがわかる。

また、藩士たちは自らの職務に対応して、それぞれ上・中・下の屋敷に詰めており、表4の文久三年の項目にある「渋谷　大殿様付」などは具体的にその藩士がどこに詰めていたかを示すものである。彼らは藩主の江戸城登城や各藩との連絡などの業務に追われる一方で、江戸詰になると名所見物などによく出掛けている。彼らは藩邸を囲むように設けられた長屋に居住しており、江戸赴任にあたっては単身赴任であったため、慣れない家事にも追われたことだろう。

なお、現在では藩邸そのものを見ることはできないが、上屋敷の表門の絵図が京都府立京都学・歴彩館に保存されており、その威容を知ることができる。また、下屋敷の敷地は明治以降、開拓使の農業試験場（東京官園）や都電の車庫、東京都職員共済組合青山病院として利用された。平成二十年（二〇〇八）に病院は廃院となったが、その敷地には現在でも下屋敷の遺構として庭園の池がかつての面影を残している。さらに春日局が将軍家光から拝領し、下屋敷にあった茶室三笠閣（現在は聴秋閣）は横浜の三溪園に、庭園を灯したであろう灯籠は首相官邸の中庭に移されており、稲葉家下屋敷を物語る貴重な文化財となっている。

茶室三笠閣「二号地茶室庭前の池築山を写す」『開拓使官園写真帖』（函館市中央図書館蔵）

②町奉行の仕事

淀の町を取り仕切っていた町奉行の仕事は「お裁き」だけではなかった。
その仕事は、藩主の御供や淀を通る大名へのあいさつなど多岐にわたる。
激務のストレスで体調を崩すこともあった。

それではつぎに、庶民の生活と大きなかかわりのある、役方（民政機構）について、町奉行・宗門方・代官を例にとって見ていくことにしよう。

「町奉行日記」に見る町奉行

町奉行の仕事は井上以敬という藩士が記した、文化八年（一八一一）九月十一日～翌九年三月一日までの「町奉行日記」から紐解いていくことにしよう。ただ、この史料は数奇な運命をたどって現在の所蔵者宅に残っている。旧藩士の竹林家に伝わるこの史料は偶然、同家に残ったといってよいだろう。なぜなら、本来なら同家に伝来しない史料だからである。史料の表紙にはもとの所蔵者（作成者）井上以敬の名が記され、内容的にも竹林の名はあらわれない。では、どうして同家に残ったのであろうか。それは歴代の町奉行を書き上げた「前録」（竹林家文書）から明らかとなる。文化八年当時の町奉行は堤《つつみ》一郎《いちろう》太夫《だゆう》と林七《しち》右《え》衛門《もん》の両名であったが、林は文化十一年十一月九日、町奉行在任中に病死し、後任には井上伊《い》兵《へ》衛《え》が登用される。この井上伊兵衛こそ、もとの所蔵者であり、表紙に記名のある人物である。一方、堤以降の町奉行は保田《やすだ》覚助《かくすけ》、竹林専治《せんじ》と続く。このことから、林・堤が町奉行在任中であった文化八・九年の記録を後任である井上が写し取り、その後、井上と相役となる竹林専治が自らの心得として「井上筆写本」を借り受けたが、それが返却されずにそのまま竹林家に残ったと考えられる。

　では、藩政機構における町奉行の位置付けとはどのようなものであろうか。淀藩の藩制については、田辺密蔵氏によって昭和十一年（一九三六）に記された「我藩文武制度の一班と其首脳者に就て」（澱《てん》城温故会『澱城温故会第拾壱回報告』）が参考となる。それによれば、さきにも述べたように藩制上の最高機関は家老・年寄・用人・奉行役からなる「御用部屋」で、重要政務は合議体制をとったが、平常の事務は家老のうち一人が一カ月交代の御用番を決め、これを主務者とした。また、用人においても当番を決めて半月交代（一日と十六日に交代）であったという。ちなみにこの日記が作成されたのは八代藩主稲葉正備《まさなり》の治世であり、『文化武鑑』には家老・用人をはじめとする上級武士の名前が記されている。日記からは文化八年十月二十三日に田辺左仲が新たに家老に任じられていることがわかる。

「町奉行日記」
（竹林家蔵）

なお、日記から判明する御用番（家老）は文化八年九月が松原五左衛門、十月が稲葉勘解由《かげゆ》、十一月が塚田杢助《もくすけ》、十二月が松原五左衛門、翌九年一月が稲葉勘解由、二月が田辺左仲であった。

町奉行はこの「御用部屋」の下に位置し、町方民政を司るとともに、淀通行の貴賓接客を務めたという。さきほどの「前録」によれば、町奉行に就く者の大半が前職は軍使《ぐんし》、後職は者頭や数長柄奉行であることから、藩制上、町奉行の位置付けはさほど高いものではないことがわかる。任期については明確な規定があったとは考えにくいが、病死の場合を除き、おおむね三～四年で交代している。また、町奉行の定員は二人で、役宅といって町奉行に着任した者は自らが寝起きする屋敷と仕事場である町奉行所が同じ敷地にあるところに引越ししてくることになる。

町奉行はわれわれのイメージだと裁判や警察業務にばかり従事しているようなイメージであるが、実際には町方の人別改めや防火など行政一般を掌握し、藩政にも関与したことから激務であった。これはわれわれが時代劇として親しんでいる「大岡越前《おおおかえちぜん》」や「遠山の金さん」も同様であった。なお、役宅の場所は「城州淀城之図」から、下津町《しもつ》と魚之市《うおのいち》（いずれも現京都市伏見区淀下津町）に所在していたことがわかる。

町奉行の仕事

では「町奉行日記」の内容をもとに、町奉行の仕事についてより具体的に見ていこう。町奉行といえども中間管理職であったので、毎月定期的に行われる一日と十五日の「式日御礼《しきじつおんれい》」には藩主の御機嫌伺いに登城した。それもただ単に藩主の御機嫌伺いにとどまらず、藩主が在府中は家老など御用部屋の面々と会談し、藩政運営について会議が持たれた。この他にも、たとえば十一月十五日の初雪、同月二十三日の寒入り、年末年始など藩主をはじめとする上司に対し、頻繁に御機嫌伺いに出掛けており、このような点は現代のわれわれ同様、中間管理職として組織のなかで生きている姿を垣間見ることができる。

町奉行といえば、裁判官というイメージがあるので、裁判について見ていこう。「町奉行日記」からは詳しい内容はわからないものの、十月五日と十五日には町人の不行届を裁許し、同月十七日には下津町に住む者が家出した一件が取り扱われており、われわれがイメージする町奉行の姿そのものである。

淀藩の町奉行の場合、裁判が行われたのは毎月五日、十一日、十六日、二十一日、二十六日、三十日の六日間となっており、毎日のように審理があったわけではない。しかも、奉行が直々に裁判をすることは稀で、たいていは下調べが済んでいて、判決のみを言い渡すか、「内済」といって当事者同士で和解するように求めることが多かった。だから、町奉行が裁判ばかりしているイメージは払拭されなければならない。

つぎに町奉行の仕事のうち、警察的な仕事を紹介しよう。まず、一つは藩主が墓参する際に随行しており、これは現代のＳＰのような仕事を想像するとよいだろう。「町奉行日記」には藩主稲葉正備が淀城付きの菩提寺養源寺へ参詣する毎月二十四日、二十八日には町奉行のいずれか一人が付き従っていることが記されているが、これは二十四日が父正諶《まさのぶ》の命日（七代藩主・文化三年〈一八〇六〉八月二十四日死去）、二十八日が祖父正益《まさよし》の命日（五代藩主・明和八年〈一七七一〉九月二十八日死去）にあたるからである。なお、六代藩主正弘は藩主に就いて三年後、二十七歳で早世したため、正益の次男正諶が兄正弘の養子となって家督を継いでいる。

このほかの警察的職務として、京街道通行および淀川通船の諸大名・寺社家などへの対応（警備）があった。淀は木津・宇治・桂の三川が合流する中洲に位置し、天然の要害であったため、京・大坂の押さえと考えられてきた。そのため、大名など諸家が通行する際にはとくに注意が払われ、町奉行配下の同心を派遣し、街道沿いや渡し場を警護させている。こうした対応は、対岸の西国街道を通行した鍋島《なべしま》家の場合にも見られる（文化八年十一月七日）が、これは淀城下六町のうち、

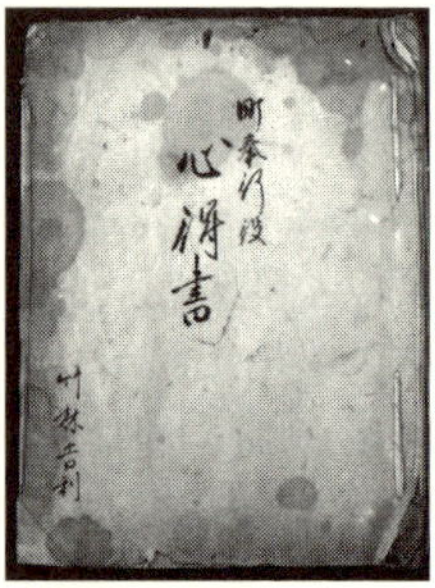

「町奉行役心得書」
（竹林家蔵）

水垂・大下津（城外町）が西国街道沿いに所在していたことによる。また、淀川通船の場合には町奉行自らが出向いて会釈することが通例となっていた。これは真夜中であっても行われていたようである。

　このように大名をはじめ多くの人々が淀を通過したわけであるが、町奉行はただ形式的に会釈や警護を行っていたわけではない。参勤交代に代表される大規模通行に備えて、日ごろから道や橋の補修をはじめ、清掃に至るまで細かい指示を出しており、道や橋の状態にはたえず注意を払わなくてはならなかった。「町奉行日記」のなかでも文化三年十一月二十七日条には、間小橋《まごばし》が朽腐しているので、近く予定されている備中新見《にいみ》藩主関長輝一行の通行は危険であるとして、淀通行は船に切り替えるよう書状をしたためている。橋の老朽化を受けて、淀藩では大橋をはじめとする橋の締め切りを検討するが、公儀橋であるため淀藩に裁許権はなかった。そこで、文化九年二月十七日～二十日にかけて、藩内での話し合いを経て、町奉行林七右衛門が出京し、京都代官で山城国大川筋普請をも職務としていた小堀正徳と協議の結果、淀城下に架かる大橋・小橋・間小橋の締め切りを決定している。

　ついで、町奉行の行政的な職務、町方の民政という点については、それほど記述は多くないものの、以下に列挙した記事が参考となる。たとえば、文化八年九月十九日条の伊勢宮祭礼に際し、御旅所見廻りや芝居興行の許可、十一月二十一

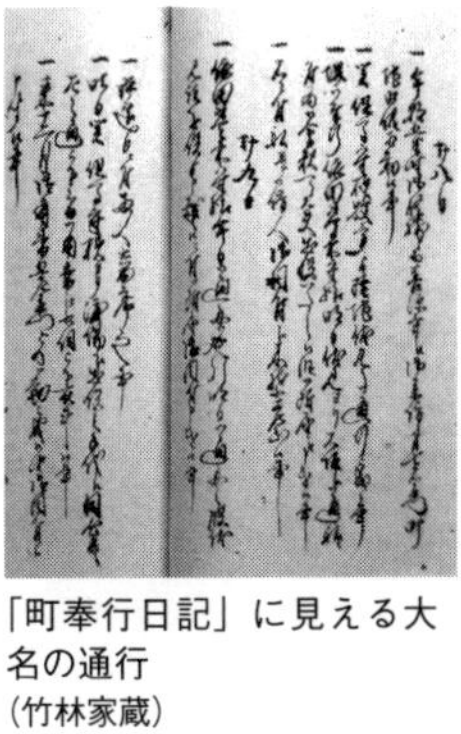

「町奉行日記」に見える大名の通行
（竹林家蔵）

日条の歳末せきぞろ厄払いの許可、同月二十六日条の人相書の触廻し、翌九年正月七日条の万歳《まんざい》興行の許可などである。

また、町奉行の配下については、江戸町奉行や大坂町奉行のように与力がいたかどうかは判然としない。ただ、同心については文化八年十月十一日条に同心が国元へ養母の見舞いに帰国することや、十一月十七日・二十三日には同心の棒捕《ぼうとり》手《て》の寒稽古が行われ、町奉行からは酒肴を遣したことが記されており、その存在を確認することができる。文化九年一月末から二月にかけては人事異動があり、欠員となった同心の補充を行っているが、それは藩士の子弟などから採用するのではなく、村方から藩士にゆかりのある者が登用されており、藩における同心の位置付けを知るものとして、この記述は興味深い。

人間味あふれる町奉行

町奉行というと時代劇の影響もあり、「庶民の味方」というイメージがあるが、残念ながら淀藩の町奉行の記録からは官僚としての側面しか見えてこない。ただ、彼らも「人の子」であることには変わらない。ここでは人間味あふれる町奉行の姿を見てみたい。

一つは持病に悩まされている姿である。現代とは違い、暖房器具もままならない江戸時代においては風邪をひいて仕事を休むこともあったことがわかる。また、町方民政を司ることに加え、京街道・淀川を通行する諸大名の接待、それに付随する街道整備・渡船の手配を行わなくてはならなかった淀藩の町奉行は、他藩の町奉行に比べ仕事はハードであったはずである。しかも、領内を巡検する藩主への供奉や藩主・上司への節季ごとのあいさつ廻りなど、藩組織の一員として儀礼的な職務もそつなくこなさなくてはならず、自ずとストレスも溜まっていったことであろう。「町奉行日記」に登場する堤一郎太夫はストレス性の胃炎と思われる「疝癪《せんしゃく》」（胸や腹がさし込んで痛む病気）に悩まされていたようで、しばしば仕事を休むことがあった。

こうした町奉行が「月番」といって一カ月交代であったことはさきに述べたが、月末にはそれぞれの町奉行以下、担当者が集まって申し継ぎが行われた。その際、事務的な申し継ぎが終われば、そのあとは一カ月間の労をねぎらうための宴席が設けられた。その日の記事には、必ずといっていいほど料理の献立が記されている。

たとえば、林七右衛門から堤一郎太夫に書類が引き継がれた十月十六日の記事には、下のような献立★が見える。献立表のうち、上の部分は料理の名称が、下の部分はその料理にどのような具材が用いられていたのかがそれぞれ記されているが、これを見ているだけでも大変豪華な料理であったことがわかり、当時の武士

▼献立

吸物	鮲（こち）の味噌汁
大丸盆	イカの酢和え・モロコの色付焼・したし物
硯蓋	伊勢エビ・タコ・かまぼこ・蓮根・ミカン・椎茸・クワイ
鉢肴	鯛・大根
鉢肴	イナダの刺身・寒天・チシャ
鱠	刺身・白髪大根・栗・生姜・金柑
汁	蕪・イワタケ
茶碗むし	玉子〆・鳥・切身肴・長芋・木耳・焼栗
焼物	ホウボウのひらき付焼
すまし吸物	梅干・薄雪昆布
飯	
香の物	たくわんつけ・大根

の食生活を窺うことができる。たしかに毎日このような料理を食べていたとは思えないが、一カ月に一度このように豪華な食事が食べられると思えば、日ごろの心労も少しは癒されたのではないだろうか。

仕事に一区切りつけば、宴席で美味しいものを食べ、酒を飲む。役務方の日記でありながら、宴席での献立はほかの記事とは比べものにならないほど詳細に書き留めている。こうしたところに当時の武士の人間性を垣間見ることができ、何かとストレスの多い現代社会を生きるわれわれと何ら変わらないところに共感できる。

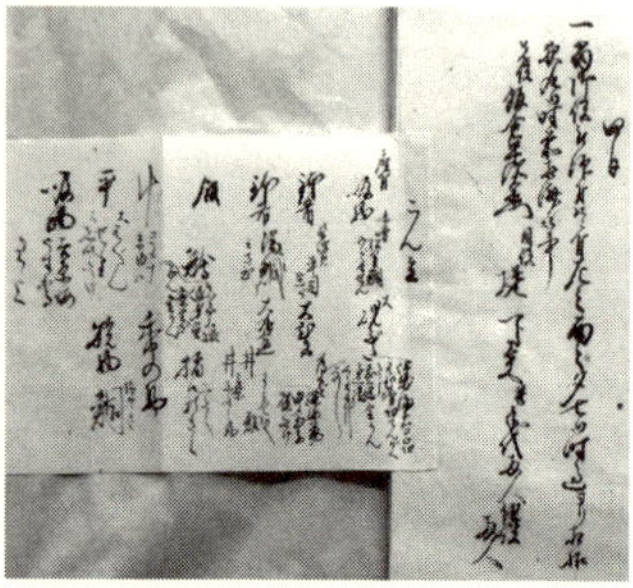

「町奉行日記」に見える引き継ぎの際の献立（竹林家蔵）

③ 宗門方の仕事

宗門方は「宗門改め」だけではなく、寺社に関する事柄すべてを扱った。代官と協力して、高齢者や困窮者の扶助にもあたった。境界争いなどにかかわって、大坂や京都の町奉行所との付き合いも重視された。

淀藩稲葉家では寺社にかかわる事柄や宗門改めを行う部署のことを「宗門方」、その主たる担当者を「宗門奉行」と呼び、職務内容からすれば、幕府や他藩でいうところの「寺社奉行」にあたる。稲葉家において宗門改めは当初、代官の職務であったが、のちに宗門方が設置され、寺社にかかわる事柄を含め担当するようになった。

それでは、町奉行同様、竹林家に残る日記を読み解くことで宗門奉行の実態に迫ってみよう。

日記のなかの宗門奉行

現在、竹林家に残る「宗門奉行日記」はさきの「町奉行日記」とは異なり、三代目当主・吉万《きちま》吉利《よしとし》が記した個人的な日記である。この日記には天保三年（一八三二）七月から翌年正月元旦までの、閏十一月を含む七カ月間に起こった様々な事柄が記されているが、当時彼は宗門奉行を務めており、日記には職務にかかわる記述が多く見受けられ、宗門方の組織構成や職務を知るにはうってつけの史料であるといえる。

まずは、宗門方の人員構成であるが、「頭取」と呼ばれる職務統括者である松田弘人《ひろと》を筆頭に、宗門奉行として竹林吉万・磯部荘左衛門《しょうざえもん》・平尾伊左衛門がおり、下役には村瀬条右衛門《じょうえもん》・喜多村芳助《よしすけ》、使番には力助・唯右衛門《ただえもん》・柴田仙蔵《せんぞう》の総勢九人によって構成されていたことがわかる。

宗門方の定員は時代によって多少の増減はあるものの、宗門方頭取一人、宗門奉行三人、宗門方下役二人、使番四人の計一〇人程度で構成されており、任期もとくに設定されていないことから、十年近く務める者もあった。

それぞれの職務については、宗門方頭取は宗門方の統括者であり、ほかの宗門奉行の日々の業務の監督や上部機関である御用部屋への報告および折衝を務めていた。よって、残る三人の宗門奉行のように、宗門方の日常業務や宗門改めには直接携わることはなかった。

三人の宗門奉行は一カ月ごとの輪番制を採り、毎月三日・十三日・二十三日には様々な案件を宗門奉行と下役によって構成される「寄合」で処理し、そこで決

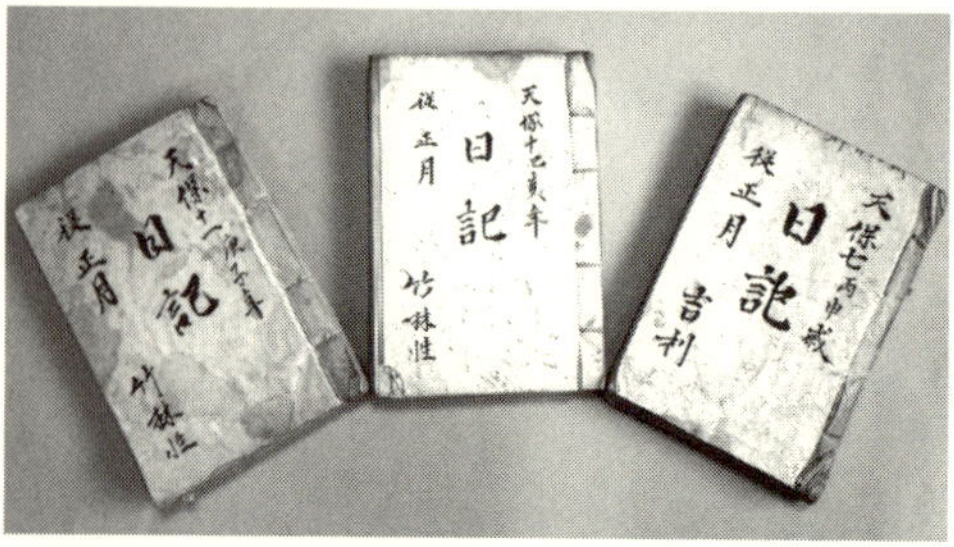

竹林家に残る日記（竹林家蔵）

まった内容は宗門方頭取の承認を得て、御用部屋へと上申《じょうしん》された。宗門奉行は町奉行同様、御用部屋のもとに位置付けられ、このなかから宗門方を担当する御用番が決められた。日記には月初めに宗門奉行当番と一緒に記されている、家老クラスの松尾筠之助や塚田杢助などがそれにあたる。

宗門方下役は宗門方のあらゆる業務を現場で実際に担当し、村方との窓口として藩と領内村々とを結ぶパイプ役でもあった。宗門方使番については、宗門方末端にあって宗門改めや寺社見分の際に下役の任務を補佐し、日常の雑務を処理していた。

宗門方の仕事

宗門方の職務については、安永六年（一七七七）に河内国高安郡《たかやす》（現大阪府八尾市）の大庄屋大東家によって記された「郡村役用留帳」に、「宗門改めは幕府から厳重に申し付けられていることなので、淀藩においても毎年行われている。家中はもちろん、領内村々に至るまで寺請証文を宗門御役人へ提出することになっている」とあり、宗門方は家中と領民の宗門改めが最も重要な職務であることがわかる。これにかかわって「日記」に見える彼らの日常的な職務としては、①宗門関係の公儀触の伝達、②僧侶・神官の統括（風紀、死亡届受理、入退院許可、相続許可、鉄砲改め等）、③寺社関連事件の吟味、④寺社見分などがあり、とくに住職の入退寺にかかわる手続きや寺社普請の監督、寺社間および寺社と村との間で起こる様々な争論への対応などはまさに、宗旨・寺社（僧侶・神官）全般を統括する「宗門奉行」と呼ぶにふさわしい職務だといえる。

さらに宗門方の職務を明らかにしてくれる史料として、その手引書である「宗門方手控 幷《ならびに》 寺社覚」（竹林家蔵）がある。以下、「手控」と「日記」とを付き合わせつつ、藩内における宗門方の具体的な職務を月ごとに紹介していきたい（表5参照）。

まず一月四・五日には町方・村方の寺社から年頭のあいさつを受け、十七日ごろには「寄合初め」がある。二月上旬には宗門改めの触れが領内に出され、町方（淀城下の池上・下津・新町・大下津・水垂・納所の六町）の寺院取調べが町奉行立会のもと行われる。四月上旬からは家中の宗門改めに取り掛かるとともに、町方・村方で九十歳以上の者および村方で貧窮の者が調査されている。藩ではこうした調査を踏まえて、高齢者には米二俵、貧窮者には麦一俵が下げ渡されており、宗門改めを援用することで現代でいうところの年金制度や生活保護制度のような制度が構築されていたことは興味深い。淀藩領内で作成された宗門改め帳の宛名に、宗門奉行のみならず代官が含まれているのは、代官がこうした領内の実状に精通していたからだと考えられる。

七月下旬には宗門改めの追触れが領内に出され、九月下旬には出来上がった宗門改め帳の読み合わせを行っている。十月下旬には整理された宗門改め帳を御用部屋の面々に披露し、これをもって宗門改めに係る一連の作業は終わる。その後、十一月上旬に「御櫓調べ」として宗門改め帳や威鉄砲拝借証文《おどしてっぽうはいしゃくしょうもん》★の入れ替えを行い、十二月中旬に「寄合納め」があって一年が終わる。

この一連の作業において、集められた宗門改め帳を櫓に収納するとともに、保存期限を過ぎた文書は再利用のため、藩内の各役所に下げ渡されている点は、江戸時代の文書保存を考える上で興味深い記述である。櫓が本来の「武器庫」としての役割ではなく、「文書保管庫」の役割を果たしているのである。また、櫓に納められた宗門改め帳は地域ごとに分類されていたようで、竹林家にはそのことを窺わせる木箱（幅九五センチ×奥行五五センチ×高さ六四センチ）が現存している。箱の側面には近江の所領（野洲・栗太・甲賀・蒲生・滋賀・高嶋《たかしま》の六郡分）の宗門改め帳を収めたことを示す墨書があり、宗門奉行の遺品として貴重なものである。

なお、宗門奉行が保管庫として使用した「宗門方御櫓」とは、淀城三之丸にあった枇杷木《びわのき》櫓のことで、宝暦三年（一七五三）ごろに藩士渡辺善右衛門によって記された「淀古今真佐子」には、「太鼓櫓の脇、家老屋敷前米ぐら二戸前、南の方土手下に蔵役人役所有る。此後二重の矢倉、宗門方預也」とあり、「町奉行役心得書」（竹林家蔵）には「三之丸　二重櫓」「本丸より巳之方　枇杷木櫓　三間梁

▼**威鉄砲拝借証文**
農作物を荒らす鳥や猪、鹿などの鳥獣を追い払うための鉄砲を借用するための証文。

桁行四間　石垣高サ　堀之方水底迄三間　三之丸之方壱間弐尺」（一間は約一・八メートル。一尺は約三〇センチメートル）と、その大きさが記されている。

表5　宗門方の一年

月	日	事　　項
1	1	頭取へ祝儀申述
	2	関東代官へ宗門改めの儀申遣
	4・5	町在の寺社から年頭のあいさつを受ける
	17	寄合始
		京都・大坂・堺の各奉行所へ年始のあいさつ
2	3	宗門改めの触の読み合わせ
	5	宗門改めの触を出す
		宗門改めの日割り決定
		宗門改めの心得について、町奉行・代官へ手紙を出す
4	3	御家中宗門改め触の読み合わせ
	7	御家中宗門改め触状廻す
	10	在方貧窮者・町在90歳以上の者を調べ、それらに米下付
6		京都・大坂両町奉行所の寺社方与力へ暑中見舞の贈物
		堺奉行所の与力・同心へ七夕の贈物
7	20	堺奉行所へ泉州領の寺社入退届出す
		宗門改めの追触出す
9	3	宗門改めにつき、寺社改め触状出す
	20	御家中の宗門改めを裁帳
		家中の宗門帳を御用部屋に差し出す
10	17	宗門改め日限触れ出す
	24	細工人召呼び、裁帳する
	25	領内村々の宗門帳を御用部屋へ差し出す
11		威鉄砲納・拝借証文入れ替え及び取り調べ
12		京都・大坂町奉行所与力へ寒中見舞の贈物
	16	大坂御館入与力へ歳末の贈物
		堺奉行所へ泉州領の寺社入退届出す
	17	寄合納

(「宗門方手控幷寺社覚」（竹林家蔵）より作成)

宗門奉行と幕府機関

宗門奉行にとって藩内でのこうした職務のほかに、藩外、とくに大坂・京都・堺の各奉行所との渉外が大きな比重を占めていた。「手控」によれば、一月中旬にはさきの三奉行所へ新年のあいさつに出掛け、各奉行と京都・大坂の寺社方与力には「三本入扇子箱」を、堺奉行所与力には「金百疋」、同心には「銀二両」をそれぞれ贈ることが慣例となっていた。六月下旬には京都・大坂寺社方与力へ暑中見舞を、堺奉行所与力・同心へは七夕祝儀を贈っている。さらに、十二月初旬には京都・大坂与力に寒中見舞いを、中旬には大坂御館入《おたちいり》与力《よりき》に歳末の贈答を行うことになっているが、天保三年（一八三二）は閏月があったため、閏十一月十六日に寒中見舞を贈っている。また、この年は大坂東町奉行の交代があり、新任の戸塚忠栄に対する着任祝いとして、宗門奉行のうち、当番であった平尾伊左衛門が大坂へ出掛けている（十一月二十七日の記事）。

ではなぜ、淀藩の宗門奉行と大坂町奉行所や堺奉行所の与力・同心とが懇意にする必要があったのであろうか。江戸時代の大坂近辺は幕府領をはじめ各大名や旗本の所領、禁裏御領・公家領が複雑に入り組んでおり、それは当時から「碁石を打ち交ぜ候様」といわれていた。

大坂東町奉行所跡

こうした所領配置であると当然、境界争論などが多発するわけであるが、支配が異なる争論はより広域を管理する幕府の役所、大坂町奉行所や堺奉行所で審理されることとなった。淀藩にとってこうした争論が起こった際に、自らの所領の農民に少しでも有利な判決となるよう根回しをしておく必要があった。それが特定の与力との密接な関係をつくり出すこととなった（こうした与力のことを御館入与力と呼ぶ）。

具体的には、大坂西町奉行所与力で淀藩の御館入与力でもあった成瀬九郎左衛門とは暑中見舞の遣り取りだけでなく、日ごろから緊密な関係があったようで、「日記」には藩領である摂津国嶋下郡片山村（現大阪府吹田市）と隣村に位置する神社の除地争論の際、成瀬に相談したことが記されている（七月三日・十二日・二十日の記事）。また、摂津領の大庄屋である吉田善左衛門について、大坂東町奉行所の与力桑原信五郎から問い合わせがなされている（八月二十六日の記事）。こうした各奉行所との節季ごとのあいさつや御館入与力の存在から、淀藩では畿内の支配にかかわる幕府の諸機関と様々な面で関係を取り結びながら、村方の支配を行っていたことがわかる。

大坂東町奉行所与力の役宅門

④

代官の仕事

代官は年貢徴収だけでなく、村方での裁判に従事するなど村方支配の要であった。代官は村方支配に精通するとともに、領民との信頼関係が必要であった。「悪代官」のイメージとは異なる、領民に慕われる代官が多く存在した。

代官の組織と仕事

では、つぎに小説やテレビでもなじみ深い、代官について見ていくことにしよう。稲葉家では二代正勝が近世大名として、小田原に入封した際に、家臣団構成や職制を整えたことから、代官もこの時期に設置されたといわれている。

代官は藩の職制上、勘定奉行の支配下にあり、上方五カ国の領地を担当した上方代官と関東の飛び地領を担当した下総（大森）代官とに大別することができる。上方代官はさらに、東筋代官と西筋代官とに分けることができ、東筋代官は山城国久世郡と近江国の村々一〇四カ村、約四万四千石を、西筋代官は山城国の紀伊・綴喜・相楽三郡と摂津・河内・和泉三カ国の村々七二カ村、約四万石をそれぞれ担当した（村数・石高の合計は幕末期のもの）。

代官所の人員については、文久三年（一八六三）の「淀藩士分限帳」によれば、東筋代官二人・手代三人、西筋代官二人・手代二人を見ることができ、これに使番がそれぞれ数人ずついたと考えれば、各代官所は七〜八人で構成されていたことになる。

代官の主な職務は、年貢の徴収や領内の人口動態の把握をはじめ、領内で起こる様々な事柄への対応、たとえば領民からの公事★とその取り調べなど、多岐にわたる。宗門改めにも従事していた時期があるようだが、それはさきに見た宗門方が新たに設置されたことから、代官の職務からは離れた。しかし、その後も淀藩領では宗門改め関係の書類に代官の名が記されており、領内を把握するという観点から、代官の関与は必要不可欠であったと思われる。

また、藩主や藩上層部に対する、領民からの節季ごとのあいさつや特産品の献上については、代官の取り次ぎをもってなされたことから、代官は藩と領地・領民を結ぶ要職であったことがわかる。この要職を務めるには、村方支配に精通するのみならず、領民からの信頼を得ることも必要不可欠で、淀藩領で大規模な百姓一揆が起こらなかったのは、民政に長けた人物、「地方巧者《じかたこうしゃ》」が代官に登用されていたからであろう。

▼公事
裁判や訴訟のことで、民事事件の場合を指す。

飛び地領の代官

淀藩では享保八年（一七二三）五月に稲葉正知が下総佐倉から転封になった際、それまで支配していた下総・常陸のうち五郡五八カ村、約二万二千石がそのまま淀藩領となり、この飛び地を支配するため、下総国印旛郡大森村（現千葉県印西市）に陣屋を置いた。

大森陣屋の人員構成は、天保三年（一八三二）の史料によると代官二人・手代三人・使番六人に加え、雑用を担う部屋頭・溜り水夫などがいた。大森代官は年貢収納にかかわる諸役務をはじめ、触の廻達・幕府役人への対応・領内の治安維持を主な職務とし、馬廻や大小姓の禄高五十～百石程度の藩士から選ばれ、役料十石五斗が支給された。代官配下の手代は大庄屋・郡中取締などと領内を廻村して、実情を代官に報告することを旨とし、独礼小役人★や御徒格の下級藩士がその任に就いた。

代官というとどうしても時代劇の影響からか、年貢の完納や領主支配の貫徹にともなって非道を行う「悪代官」がイメージされることが多いが、決してそのような代官ばかりではなかった。

文政十一年（一八二八）七月に下総・常陸の淀藩領村々から藩の勘定奉行に出

大森陣屋跡（『印西名所図会』印西町町史編さん室）

▼独礼小役人
一人で藩主への拝謁を許された下級の藩士。

された嘆願書には、「代官川崎牧右衛門様はこのたび、江戸屋敷へと転勤されるとのことですが、川崎様が大森代官所にご着任以来、領内を取り締まっていただいたおかけで、公事・訴訟の類も減り、名主・組頭一同、藩からの御用に専念できるようになりました。また、百姓たちも安心して農業に精を出せるようにもなりましたので、川崎様に是非ともこのまま大森代官を続けていただきますようお願いします」といった内容がしたためられた。

同様の事例は天保七年八月と九月、嘉永七年（一八五四）四月にも見ることができ、いずれの嘆願書も代官の「再任」や「江戸屋敷への転勤を猶予、もしくは中止すること」を求めている。残念ながら、村人たちの願いはかなわないことが多かったと思われるが、代官が離任する際には「鶏卵百粒」や「半紙七帖★」といった餞別を贈っており、村人と代官との温かい交流を見ることができる。このように、慈悲深い政治＝仁政を行うことで、領民から慕われる代官がいたことは、われわれがこれまで抱いていた代官のイメージを覆すものである。

▼一帖は半紙二〇枚。

そのほかの役方

代官と同様に勘定奉行配下には御金奉行という役職があった。これは藩の土蔵に備蓄されている金銀を管理する役職であったが、毎年春には土蔵から金箱を持ち出し、御用部屋の面々とともに金額を取り調べ、その後、家老・用人の封印をして再度土蔵に保管するならわしであった。

代官や御金奉行のような経済官僚のほかに、土木・建築にかかわる藩士もいた。たとえば、土砂方や堰《せき》方がそれにあたる。江戸時代において土砂の流出を防止する土木工事は「土砂留普請」と呼ばれ、畿内において各藩の領地が錯綜していることで、思うような土砂留普請を行えないと判断した幕府は、貞享四年（一六八七）八月、畿内に所領を持つ大名を対象に土砂留の担当区域を設定した。これにより土砂留担当大名には、近隣の幕府領・私領についても立ち入りが認められ、他領の山林であっても修復を命じることができるなどの権限が付与された。これにともない淀藩でも藩内に土砂方を設置し、津・高槻・膳所・尼崎・岸和田などの諸藩、および大坂・京都の両奉行所とが手分けをして畿内の河川と山々を管理し、洪水が起きないように植樹をしたり、堤防を築くなど治水に努めた。

同様に堰方は配下の手代を遣わして京都代官小堀氏と協議の上、川筋に杭を打つなど、淀川水系の河川を整備するのが仕事であった。土砂方・堰方ともに幕府の治水事業の一端を担う役目として藩内に設けられたことから、淀藩の藩政運営は単に自らの領国経営にのみ終始するのではなく、幕政とも深くかかわっていたことがわかる。

藩士の家に残る陣笠（個人蔵）

これも淀

多才な藩士たち

さきのコラムでは、弓術に秀でた竹林専治や現在でいうところのエッセイストであった渡辺善右衛門を紹介したが、彼らのほかにも、淀藩稲葉家家中には多才な人物が数多くいた。

その一人が俳人の畑吟風《ぎんぷう》である。彼は天明七年（一七八七）の生まれで、名を忠保、通称を数馬といった。文化四年（一八〇七）に家督を継いだのちは、数長柄奉行・持長柄奉行などを歴任した。

畑吟風の肖像画
（「百梅集」舞鶴市郷土資料館蔵）

十九世紀初頭の淀藩では俳句をたしなむ者が多く、藩士の田崎鳳水・畑吟風、藩医の富原支雪・石川掬水をはじめ、二〇人ほどが俳諧活動を行っていた。彼らは藩内のみならず、全国各地の俳人たちと交流を結んでおり、なかでも中心的役割を果たしたのが、吟風であった。

彼の創作意欲は旺盛で、京都東山の芭蕉堂（松尾芭蕉を偲んで、加賀の俳人高桑闌更《たかくわらんこう》が開いた）の俳諧へたびたび投稿していたといわれ、亡くなる二カ月前の安政六年十月にも俳句の会を催している。また、十一代藩主稲葉正誼《まさよし》から俳句の誘いを受けたこともあり、藩主にまでその名が知られるほど、有名であったことがわかる。なお、吟風の活躍を伝える史料群は現在でも畑家に伝来しており、当主と有志の手によって整理され、目録が編纂されている。

さらに、藩医であった南小柿寧一《みながきやすかず》も有名である。彼は詳細な人体解剖図である「解剖存真図」などを著し、江戸時代の医学界の発展に大きく寄与した。南小柿家はもともと斎藤と名乗り、五代藩主稲葉正益《まさよし》に召し抱えられた。寧一の父要仙の代に名を南小柿と改め、外科を修めて藩医となる。

寧一は天明五年（一七八五）ごろ、江戸で生まれ、寛政十一年（一七九九）に家督を継いだとされる。幕府の奥医師で、杉田玄白・前野良沢らとともに『解体新書』の翻訳に携わったことで有名な桂川甫周《かつらがわほしゅう》の門人となり、医学を修め、藩医としての素養を磨いた。寧一は大変優秀であったようで、桂川甫周からは「甫」の字を与えられ、甫祐と名乗り、藩内においても当初五十石であった禄高は、短期間のうちに百三十石にまで加増された。このことは藩が寧一に寄せる期待のほどをあらわしていたが、文政八年（一八二五）、四十一歳の若さでこの世を去った。寧一が著した「解剖存真図」は現在、慶応義塾図書館に所蔵され、平成十五年（二〇〇三）には重要文化財に指定された。

第四章 藩士・領民の暮らし

藩士や町人、村人など淀藩領に住む人々の暮らしが、いきいきとよみがえる。

京阪電車淀駅前にある水車（淀城の水車を模している）

① 城下での暮らし

当時の藩士は正月や五節句など様々な儀礼のなかに生きていた。
城下は京街道に面して町屋が建ち並び、祭りの際には大勢の見物客でにぎわった。
ただ、「転勤族」である藩士たちは、町人のあり様に困惑する場面もあった。

淀の町は鳥羽伏見の戦いの際の火災や明治期の淀川改修、高度成長期の宅地開発などによって、現在では江戸時代の姿を偲ぶことはほとんどできない。ここでは、江戸時代の絵図や史料から城下町での藩士や町人の暮らしについて再現してみたい。

藩士の居住地

まず、藩士がどのような地域に居住していたかであるが、江戸時代の絵図を見てみると、その屋敷地は新城建設以前に魚の市として栄えた「魚の市・奥《おく》魚の

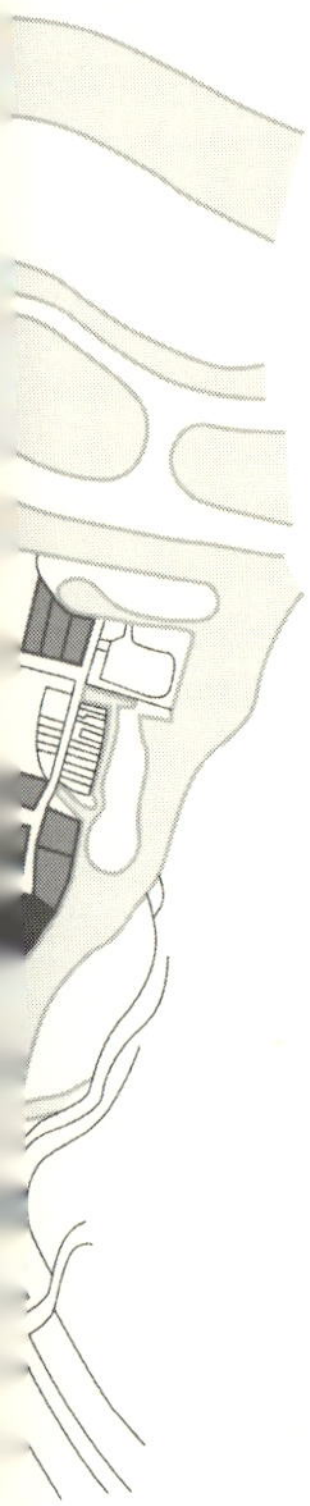

図1　淀城下町図

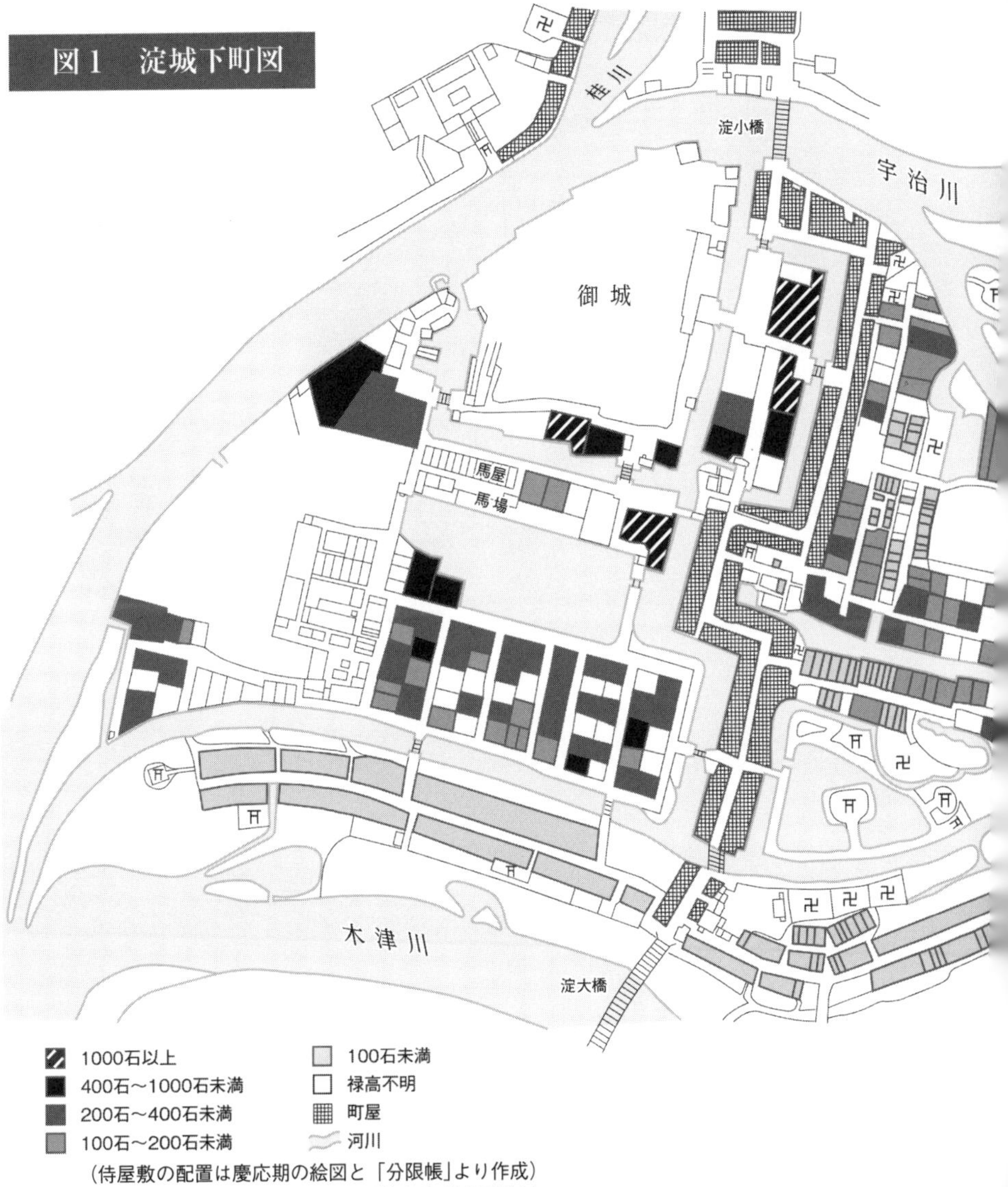

（侍屋敷の配置は慶応期の絵図と「分限帳」より作成）
（作成者：曽根田栄夫）

市」と、寛永十四年（一六三七）の木津川の付け替えの際にできた「高嶋番町」とに分かれている。とくに高嶋番町の場合は、新たに区画された屋敷地であったため、藩士の屋敷は一軒あたり一〇〇～一五〇坪程度に設定されており、正確な長方形で大きさも一定した区画であり、武家屋敷にふさわしい地域であった。

城下町の建設にあたって、藩士の屋敷配置は格式や禄高を基準としていることが多く、具体的には城下町絵図と藩士の禄高を記した「分限帳」から作成した図1をもとに見ていこう。図1では藩士の屋敷を禄高別に色分けしており、稲葉家の四家衆（田辺家・八太家・松原家・稲葉家）は禄高一千三百石～二千石を有していたことから、屋敷は城内に見ることができる。一般家臣で禄高二百石以上の者は六四人いるが、これらの多くは高嶋番町に配置され、禄高百石以上の者（一〇九人）の屋敷は魚の市・奥魚の市に配置されている。

また、城下町の南端に位置する木津川沿いには足軽長屋が続いており、江戸時代の淀の様子を記した「淀古今真砂子」にも「淀大橋の番所脇から東の方へ入ると左手には足軽小屋、右手には藪や松並木がある。この先、左の方へ曲ると足軽小屋があり、ここから一丁（約一〇九メートル）ほど進むと淀姫社の御旅所がある。ここから先も足軽小屋が続く」と記されている。

このように、淀の場合も他藩の城下町によく見られるように、原則的には城を中心に大身の藩士ほど内側に、小身の藩士ほど外側に位置し、小身の藩士の屋敷地が町屋を包み込むような形になっており、それは藩主から貸与される「拝領屋敷」や「御貸長屋」においても、その配置が考慮されていた。

藩士の生活

当時の武士たちはよほど大きな出来事がないかぎり、毎年同じような儀礼に則った生活を送っていた。ここではかつて藩主家に残されていた「淀年中行事」と題された史料から、藩主を含む当時の武士の生活の一端を追ってみよう。

まず藩主は元日から三日にかけて家臣からの年頭のあいさつを受けた。四日には領内の寺社・出入りの町人・領内村々の庄屋からあいさつを受け、その後、歴代藩主が祀られている養源寺へ参詣している。年頭のあいさつにあたっては、家臣には藩主から料理や御品が下げ渡されたが、なかでも藩政を執り行う年寄・用人に対しては、さきの品々に加え、大福茶が下げ渡されたとある。大福茶とは正月に新年を喜び、その年が無病息災に過ごせるようにと願って飲む煎茶のことで、梅干や結び昆布などが入った縁起ものであった。

二月の節分では留守居役と年男が豆まき役を務めたようで、掛け声は「福は内と申声三度豆まき、残り一度は鬼は外と申して、裃の肩ぬぎ又後向き、豆まき候」とあり、これが淀城内での豆まきの通例であるとしている。

五節句★や八朔《はっさく》★、年末には家臣が藩主に御礼を述べるとあるが、これは藩主と家臣の主従関係を再確認するという意味を含んでおり、江戸時代の武士がまさに儀礼のなかに生きていたことを示している。また、藩主は春と秋に弓術・砲術などの稽古を観覧したがそれにもまして重要であったのが、鷹狩りや猪狩り、時には松茸狩りなどと称して領内を巡見することであった。これは決して遊興のためではなく、村々や城下の実情を知り、家臣たちが領民をうまく支配しているかどうかを確かめるためであったという。

城下の様子

淀の城下町は淀川の中洲に形成された城内町（下津・池上・新町）と、城の北側を流れる淀川を隔てた城外町（納所・水垂・大下津）に分けることができる。城内町の町屋は、城下を通る京街道に面して約一・六キロメートルにわたって続いており、城下六町の戸数や人口は表1～4から知ることができる。また、当時の絵図からは城下町に二階建ての家屋を見ることができ、往時の姿を知ることができる。

城下六町の内で町の規模が最も大きかったのは納所であり、町並み・戸数・人口・寺院の数なども、どの時期を通じても他町より多かった。城下六町の持家率

▼五節句
一年のうち、何日かある節句の内、とくに人日（一月七日）、上巳（三月三日）、端午（五月五日）、七夕（七月七日）、重陽（九月九日）の五日を五節句と呼んだ。江戸時代には幕府の公式な行事が行われ、民間にも広まって定着していった。

▼八朔
旧暦の八月一日のことで、天正十八年（一五九〇）のこの日に徳川家康が江戸に入ったことから、公式な祝日とされた。

表1　元禄13年(1700)の町別の戸数

町	新町	下津町	池上町	納所町	水垂町	大下津町	総計
総戸数	195	157	171	566	242	39	1370 (3740人)
持　家	72	62	78	474	239	—	(925)
借　家	123	95	93	92	3	—	(406)
空　屋	0	0	0	0	0	—	(0)
持家率	36.9%	39.5%	45.6%	83.7%	98.8%		

(『山城淀下津町記録』より作成)

表2　享保8年(1723)の町別の戸数

町	新町	下津町	池上町	納所町	水垂町	大下津町	総計
総戸数	180	136	166	486	219	38	1225 (4956人)
持　家	72	62	78	450	207	38	907
借　家	108	74	88	36	12	0	318
空　屋	0	0	0	0	0	0	0
持家率	40%	45.6%	47%	92.6%	94.5%	100%	

(『稲葉神社文書』より作成)

表3　元文期(1736〜41)の町別戸数・人口

町名	新町	下津町	池上町	納所町	水垂町	大下津町	総計
総戸数	197	123	170	493	244	45	1272
人　口	593	408	507	1760	888	205	4361
持　家	85	35	81	472	205	33	911
借　家	112	89	89	0	11	7	308
空　屋	0	0	0	21	28	5	54
持家率	43.1%	28.5%	47.6%	100%	94.9%	82.5%	

(『山城淀下津町記録』より作成)

表4　文化2年(1805)の町別戸数・人口

町	新町	下津町	池上町	納所町	水垂町	大下津町	総計
総戸数	181	134	177	442	247	44	1225
総人数	501	365	421	1433	669	171	3560

(『澱城温故会第拾壱回報告』より作成)

については、納所・水垂・大下津の城外町は八割以上が家持層であるのに対し、新町・下津・池上の城内町は半数が借家人層であった。このことを見ても、城外町の方が構造的にも形態的にも城下六町の中心であったといえる。

城外町のなかでもとくに納所は、慶長八年（一六〇三）に過書船の番所が置かれ、「一、淀船五百七艘、但し弐拾石船　内三百三拾壱艘　納所　百七拾六艘　水垂」とあるように、淀船の拠点でもあった。水上交通だけでなく、陸上交通でも淀堤によって伏見と結ばれており、馬借場や人馬継立問屋があった。納所が江戸時代を通じ、城下町のなかで最も繁栄してきたのは、水陸両交通の一大拠点であり、大坂―京都間の商品流通を一手に引き受けるこの町の性格が、他町とは異なっていたためだと考えられる。

納所町の現況

町人の生活

城下で暮らす人々については、藩士渡辺善右衛門が記した「淀古今真砂子」のなかに「淀年中の事の趣」という項目があり、町人のあり様をいきいきと描いているので、この史料をもとに町人の一年間を見てみよう。

まず正月は一日にあいさつ廻りに出、二日には京都あたりから取り寄せたもので初売りを行っている。年玉には落雁《らくがん》を渡していたようで、平素には落雁は売っていないと記されている。十二〜三日ごろには大紋《だいもん》に烏帽子《えぼし》を被った三人連れがやってきて鼓を打ちながら歩いているが、三河万歳★とは異なり、「くだらぬ、たわけなる万歳」であると酷評している。

一月半ばと二月初午には石清水八幡宮への参詣者が多くなるようで、毛鑓《けやり》という鳥の羽と鹿の毛とを色紙などで束ねて、細い竹の先に差したものが淀名物として売られていた。その値段については、安いものは五〜六文（銭一文を現在の貨幣価値に換算することは難しいが、米価を基準にして考えるとおよそ二五円）、高いものになると一〇〇文するようなものもあったようだが、参詣の土産物として売れたようである。また、同様に売り出される「淀まんじゅう」も有名だと記されており、どのような「まんじゅう」か、今となっては判然としないが、今も昔もまんじゅうが土産物の定番であることには変わりない。

三月・五月の節句は他所と同じように祝うのだが、のぼりを立てるものの、人形・鑓などを立てることは少なく、五月の節句には付き物のちまきもつくらないとある。人形やのぼりは町中で売っているが、「これらの品々はあまり格好のよいものではない」とある。

六月から十月にかけては寺社の祭礼の記事が続く。六月には富の森愛宕夜祭★・勝寿院天神祭★、七月には七夕、八月には石清水八幡宮の祭礼、九月には伊勢宮と淀姫社の祭礼、十月には浄土真宗《じょうどしんしゅう》の報恩講★、法華宗《ほっけしゅう》の会式が列記されている。現

▼三河万歳
愛知県の西三河地方を発祥とする民間芸能で、正月初頭に各地をめぐって祝い事を述べたり、鼓に合わせて舞を舞う。

三河万歳『守貞漫稿』
（国立国会図書館蔵）

▼愛宕夜祭
火伏せ・防火に霊験がある愛宕神社の祭礼。縁日は四月二十四日。

▼天神祭
天満宮において、祭神である菅原道真の命日である二十五日に行われる祭礼のこと。

▼報恩講
浄土真宗の開祖親鸞の命日（十一月二十八日）前後に行われる法会のこと。ただし渡辺善右衛門の記録には十月とある。

在でも大勢の見物客でにぎわう、八月十六日の「大文字の送り火」についてはさきに見た「淀年中行事」のなかに「盆十六日叡山中頃に大文字に火を点し、其外山々船形或は様々に火をともし申候、淀にては端々へ見物に出申候」とあることから、京都市中に出掛けなくても淀の町を少し出れば、十分に見ることができたようである。

そして、歳末の十二月十三日にはすす払いを行い、大晦日は提灯をつけて商売をしている。松飾は少なく、「町方のそとにかざりすくなきゆへ、さみしし」と感想を漏らしている。

土地の風習に困惑する藩士

関東の下総佐倉から来た善右衛門にとって、淀で見る町人のあり様や風習は「関東になき事」「関東とは違ふ也」と記すように、違和感を感じざるを得なかった。江戸屋敷にも勤務したことがある善右衛門にとっては、江戸町民が表面上ではあったとしても、武士を敬うような態度を取っていたのに対し、「商売第一」とする上方の町人・商人は江戸のそれとは異なり、「淀の町人はとかく高値で物を売ることが多く、欲深い」と目に映ったようである。

さらに、正月元日からあいさつ廻りに出ることに関しても、他所では元日は武

伊勢向神社

與杼神社（淀姫社）

士があいさつ廻りに出る日であり、町人は二日であるにもかかわらず、淀の町人が武士と同じ日にあいさつ廻りに出ることに関して、「淀では勝手に決り事を破って、わがままなふるまいを行う者がいるが、どのような料簡なのだろうか」と大変憤っている。善右衛門の記録は「転封」という名の転勤によって、全国各地に赴く可能性があった江戸時代の「サラリーマン」たちが、転勤先の風俗・習慣に困惑する様子をリアルに描いていて非常におもしろい。

② 淀の宿駅機構

京都―大坂間を結ぶ京街道の宿場町でもあった淀。
物流が盛んになるに従って、伝馬や助郷の負担が過重になる。
領内の村からは庄屋たちが助郷の負担軽減を求めて、江戸まで嘆願の旅に出る。

淀の宿駅施設

淀は城下町としてだけではなく、京街道の宿駅としての側面も持っており、その規模については東海道の大津宿・水口《みなくち》宿との比較を含めて表5に示した。京都から大坂まで伏見・淀・枚方・守口《もりぐち》の四宿が設けられた京街道は、東海道に準じた扱いであり、道中奉行の支配を受けていた。

淀の宿駅施設としてはまず、諸大名の宿泊施設である本陣《ほんじん》・脇本陣に関して、正徳元年（一七一一）、朝鮮使節が淀に到着した際、「一、御馬は三使御本陣前に一、御鷹は対馬守様御本陣へ入る、夜八つ前」とあり、本陣があったように記されている。しかし、「淀古今真佐子」には、「ひらかたと伏見との淀はあいの宿にて、本宿にあらざる故、本陣と言もなし」とあり、天保十四年（一八四三）改

枚方宿の現況
（建物は枚方市立枚方宿鍵屋資料館）

めの『東海道宿村大概帳』にも、「本陣　これ無し、脇本陣　これ無し」と記されている。このことから、もともと淀には本陣はなく、朝鮮使節の来日に際してのみ、下津町に仮の本陣ともいうべきものが設けられたものと思われる。

また、人馬継立の施設としては問屋場《といやば》が一カ所納所町にあった。この問屋場には問屋二人、年寄二人、帳附三人、馬差二人がおり、彼らは「日常は一人ずつが問屋場に詰めているが、参勤交代のような大規模な通行があった場合には、みんな出勤する」といった様子であった。ここでいう問屋二人とは宮田家と宇野家であり、両家は納所町に住み、代々、弥五右衛門・伊助をそれぞれ名乗っていた。両家は後述する伝馬の割付や助郷などにも大いに関係していることから、淀宿の宿駅事務管理の主要な部分を担っていた。

伝馬制度

つぎに伝馬の負担についてであるが、淀宿には一〇〇疋の伝馬が課せられており、その補助として一万坪の屋敷地が給付されていた。伝馬の城下六町への割付は、城外町である納所・水垂・大下津にそれぞれ、三九疋・七疋・一三疋であり、城内町の池上・下津・新町には一八疋・一二疋・一疋であった。この割付がどのような基準で決定されたかは判然としないが、各町の伝馬割付数と役家数の関係

表5　宿場町比較表

	淀宿	大津宿	水口宿
京都までの距離	3里	3里	12里
街　並	14町57間	東西16町51間 南北36町19間	22町6間
人　口	2847人	14893人	2692人
家　数	836軒	3650軒	692軒
宿　屋	16軒	71軒	41軒

（『天保十四年改　東海道宿村大概帳』より作成）

から、役家数に比例して課せられていたものと思われる。このなかで新町のみが極端に軽い負担となっているが、これについては新町が寛永十四年（一六三七）の木津川の付け替えによって新しくできた町であるため、伝馬の負担を軽くしておくことによって、商人を誘致するねらいがあったと思われる。

しかし、こうした不平等は町同士の軋轢を生むこととなった。城内町三町が伝馬割付に関して、貞享元年（一六八四）十月に池上・新町両町が伝馬役が過重な負担となってきたので、家役に応じて伝馬を割付け直すことを主張し、訴訟を起こしたのである。池上・下津・新町の年寄・組頭、納所町年寄、人馬継立問屋伊助・弥五右衛門らは、町奉行田嶋五左衛門・岡田甚五右衛門立会いのもと、協議を進め、伝馬の割付をやり直した。その結果、役家総数二一〇軒で、役家一〇軒あたり馬一疋四分二厘九毛の負担となるようにしたことから、伝馬数は池上一一疋・下津九疋・新町一〇疋と決した。

この決定に対し、伝馬の割付が急増する新町は、一旦はこの割付に反対の態度を示したものの、町奉行から今回の割付を受け入れるよう何度も説得されたので、同年十一月、新町はこの決定を受け入れる。決定に従う形となった新町ではあったが、実状は伝馬割付の急増で次第に困窮していった。困窮した新町は、割付の減少で馬が余っている池上町に伝馬負担の一部を肩代わりしてくれるように頼むが、池上町では「何とも迷惑な話である。この割付は藩の方で決められた割付な

藤枝宿の人馬継ぎ立ての様子
歌川広重「東海道五十三次」
（山口県立萩美術館・浦上記念館蔵）

ので、決定通りに新町へ賦課して欲しい」と町奉行に申し出た。池上町の申し出に対し町奉行はこれを退け、町奉行の裁定により最終的に新町は半疋分減らされ、九疋半とし、池上町は新町の減少分を補う形で一疋半増し、一二疋半となった。

このように、伝馬割付が二転三転した背景には、新しくできた町として保護されてきた新町がこの時期になって、役家★数も七一軒と池上町の七七軒に並ぶまで繁栄したにもかかわらず、相変わらず優遇されていることへの反発があり、この事例からは淀のような小さい城下町であったとしても、決して「一枚岩」ではなかったことを知ることができる。

淀宿の助郷

淀宿の助郷★は山城国久世《くぜ》郡・乙訓《おとくに》郡を中心に一九カ村あり、助郷村高は七千百十四石であった（助郷は時期によって異なる）。しかし、実際に助郷村から人足が徴発されることは稀であり、淀の町人らが請け負い、人足を雇って代行していた。助郷人足雇賃銀は、物資の流通が盛んになるにつれて次第に値上がりし、宝暦三年（一七五三）には五貫三五〇匁となるなど、助郷村々の負担も年々重くなっていった。

そこで、助郷村の惣代久世郡林村（現京都府久世郡久御山町）の庄屋為八郎・年

▼役家
領主が課す労働役を負担する農民のこと。

▼助郷
宿場町には荷物の継立のため、人馬が用意されていたが、それが不足した場合、補助の人馬を差し出すように決められた村があり、これを助郷と呼んだ。

寄覚二郎、乙訓郡久我村（現京都市伏見区）の年寄安兵衛、同郡久世村（現京都市南区）の年寄平八らは、助郷の負担軽減を訴え出るため嘉永二年（一八四九）、江戸へ赴いた。江戸に着いた庄屋為八郎らは同年七月一日、人馬継立問屋弥五右衛門・淀藩江戸留守居役飯塚郷右衛門とともに助郷免除の嘆願書を道中奉行に提出した。このときの嘆願書には「私どもの村々は大変困窮し、助郷役を務めることができません。とくに去る申年の八月には大洪水があって村々の田畑は水に浸かってしまい、大変難渋しております。これ以上、助郷役を務めることは難しいので、どうか助郷の村を増やしてください」とあり、助郷村が困窮し、嘆願に至った理由がよくわかる。

その後、助郷惣代は八月一日に江戸を出立し、同月十九日に淀に帰着している。彼らの嘆願の記録はここで終わっており、最終的に道中奉行からどのような裁定が下され、彼らの嘆願が成就したかどうかは史料が残っておらず、知ることはできない。しかし、安政三年（一八五六）前後に書かれたとされる「淀一ケ年御入用積」には、「米五百七石　駅場助郷下され米、但し此の下され米は、助郷村難渋の訳を以て下され米候」とあり、淀藩から助郷村に対して救済策がとられていることからも、嘉永二年（一八四九）の助郷村の嘆願は決して無駄ではなかったのである。

③ 淀における学問の興隆

領内には庶民の教育施設として、寺小屋が普及していった。藩内でも私塾を設け、藩士の子弟に講義する者もいた。しかし、藩校明親館の設立は幕末を待たなくてはならなかった。

領内の私塾・寺子屋

商品経済の発展にともなって、いわゆる「読み・書き・そろばん」に対する庶民の関心が高まり、庶民の教育施設としての寺子屋が普及していった。寺子屋の開業は近世中期に増えはじめ、後期に至っては急増する。

このような傾向は淀城下のみならず、淀藩の領地が点在した山城国久世郡・綴喜郡・相楽郡の村々にも見られた。山城国内淀藩領の私塾・寺子屋の数を示したものが表6である。私塾に関しては、山城国における私塾二五のうち、淀藩領には一六もあり、主に藩士たちが漢学を教えていた。そのなかでも、儒学者として稲葉家に召抱えられていた荒井半蔵《はんぞう》(鳴門)が文政二年(一八一九)に開いた「蠖屈軒」には、教師五人・生徒一六〇人を数え、城下一の規模を誇っていた。

　また、寺子屋に関しては、山城国における寺子屋の総数二三八のうち、二四が淀藩領にあった。寺子屋の開廃業の時期については年代差があり、のべの数しかわからないが、城下納所町に二軒、下津町に一軒、池上町に一軒、新町に二軒、計六軒約二三〇人が学んでいたことがわかり、城下町での教育が盛んであった様子がわかる。寺子屋では「庭訓往来」「御成敗式目」などを教材として用い、いろは・九九・月名・十干十二支《じっかんじゅうにし》★など実生活で役立つものを教えるとともに、礼儀作法などの道徳的なしつけも行われていたといわれている。

藩内での学問

　学問への関心は町人ばかりでなく、藩主をはじめ稲葉家家中においても高まりを見せていった。九代藩主稲葉正発は幼少のころより林家へ入門していた関係から、林述斎《はやしじゅっさい》の推挙により、佐藤一斎《さとういっさい》の高弟である本多芦軒《ほんだろけん》（茂一郎）を召し抱えている。当時の記録には、「天保六未年三月九日、御家来被仰付、五人扶持、加二十人扶持　書物料年々拾両宛　学問師範　同十二年十一月十九日病死　本多茂一郎」と記されており、天保六年（一八三五）から六年間召し抱えられていたことになっているが、藩士川俣右門の日記を見ると、文化十二年（一八一五）二月朔日条や同十四年十一月十一日条に本多茂一郎の名前を見ることができ、同十

表6　淀周辺における私塾と寺子屋

地域別私塾数

		全体数	うち淀領内
山城	紀伊郡	1	0
	久世郡	21	16
	綴喜郡	3	0

地域別寺子屋数

		全体数	うち淀領内
山城	愛宕郡	15	0
	葛野郡	15	0
	乙訓郡	33	2
	紀伊郡	17	0
	宇治郡	48	0
	久世郡	22	10
	綴喜郡	43	11
	相楽郡	45	1

（いずれも『日本教育史資料』巻23より作成）

五年五月朔日条には「本多茂一郎明日出立帰府ニ付、御目付立会にて謁申候」とあることから、文化年間から淀藩と深いつながりがあったようである。また、前述した荒井半蔵を藩主正発に推挙したのも芦軒であった。そして、この荒井半蔵は私塾を設け、藩士子弟の教育にあたる一方、藩校明親館《めいしんかん》の設立にも尽力し、淀藩の学問興隆に大きな功績を残した。

さらに藩士のなかには自ら進んで学問を修める者もいた。的場連助《まとばれんすけ》は天明五年（一七八五）十一月、小沢芦庵に入門し国学を修めた。彼の業績については明らかではないが、数多くの書物を著し、藩内で国学を学ぶ者は的場連助の門人となったということである。

藩校明親館の設立

藩内においても学問への関心が高かったにもかかわらず、藩校明親館が設立されるのは、幕末、万延元年（一八六〇）になってからのことである。十二代藩主正邦は安政五年（一八五八）四月、藩政改革を断行するに際し、「人材教育ハ改革之大本」であるという考えから、まず江戸藩邸内に学校を設立した。それから二年後の万延元年、家老松尾筠之助・儒学者荒井半蔵の意見を入れ、淀城下に藩校を設立する。

▼十干十二支
甲乙丙丁戊己庚辛壬癸の十干と子丑寅卯辰巳午未申酉戌亥の十二支のことで、これらによって年や時刻、方角などを表した。

藩校明親館の額（京都市立明親小学校蔵）

しかし、当時の藩財政は逼迫しており、藩校設立の資金は領民からの献金があてられた。明親館総裁には用人川俣右門・奉行役辻鏘《つじしょう》之助《のすけ》が就任し、教授には上田岱介・磯部《いそべ》謙次郎《けんじろう》・荒井甲四郎《こうしろう》が登用された。藩校設立以前、上田家・磯部家はそれぞれ私塾鳴琴堂《めいきんどう》・麗澤堂《れいたくどう》を開き、藩士子弟に漢学を教える者たちであった。

教授内容は朱子学を正学としていたが、ほかに兵学・槍術・剣術・柔術・砲術があり、生徒たちは文武両方学んでもよいし、どちらか一方を学ぶだけでもよいとするなど、科目の選択は生徒たちの自主性に任されていた。

しかし、慶応四年（一八六八）の鳥羽伏見の戦いの兵火により明親館は焼失する。その後すぐに再建に取り掛かった正邦は、朱子学・蘭学を修めた南摩《なんま》綱紀《つなのり》（羽峰）を明親館督学★として登用すると同時に、平田派国学の渡辺《わたなべ》重石丸《いかりまろ》を講師に招くなどして、以前にも増して教育に力を入れた。明親館の藩校としての役割は明治四年の廃藩置県によって尽きてしまうが、その校名は現在でも京都市立明親小学校として受け継がれている。

▼**督学**
藩校の管理・監督を行った藩士のこと。

現在の明親小学校

④ 藩領での暮らし

淀藩の所領は散在していたが、河内国（現大阪府）には比較的まとまった領地があった。藩士が検見などで巡村することがあったが、村人はその接待に追われた。村では平穏無事な日ばかりではなく、火事や窃盗などの事件があった。

所領構成と上方領

淀藩稲葉家の所領は淀付近の一円支配というわけにはいかず、多くの地域に散在する形で構成された。正諶が藩主であった天明四年（一七八四）に、越後国三嶋・蒲原両郡の所領約二万八千石が、上方と関東に分割して付け替えられたが、関東近郊の領地は在府のための賄領であったことから、上方領は淀藩にとっては藩を支える一番重要な領地であったといえる。藩領は天明四年以降も小規模な移動を繰り返したが、稲葉家所領の大枠は、ほぼこの時期に固定されて明治に至ったと考えてよいだろう。

こうした所領配置における上方領の特徴は、城付領（山城）二万石のほか、河内国高安郡（現大阪府八尾市）や摂津国嶋下郡（現大阪府吹田市ほか）に比較的まとまって配置されている点にある。また、上方領は淀から比較的近距離に配置されていたようで、現代の交通網は大都市（ここでは大阪市内）を中心に放射状に張り巡らされている関係から、淀と河内国高安郡の藩領とはかなり離れているように感じるが、当時の記録を見てみると、八尾―大坂―淀と舟を使えば、一日あれば十分行き来できる距離であった。こうしたことから淀藩では、藩の出張所である陣屋を上方領には設置することはなく、触れの伝達や年貢収納などの行政は庄屋の上に郡単位で大庄屋を設置し、彼らに在地の支配を委ねた（関東領の下総には大森陣屋という出張所を構えた）。

　こうした上方領の特徴は温暖で土地の質もよかったことから、米や木綿・菜種といった商品作物が盛んに栽培されると同時に、それらを現金化するための大坂や京都といった全国市場が背後に控えていたことから、これら上方領からの収入は藩財政の根幹をなすものであった。

藩領河内国高安郡での生活

　それでは、淀藩領に住む農民の生活を河内国高安郡に住んでいた淀藩大庄屋大《おお》東《ひがし》長《ちょう》右衛門《えもん》が記した日記から見ていくことにしよう。なお、高安郡全体の規模を知るために、人口・家数などについては表7にまとめた。

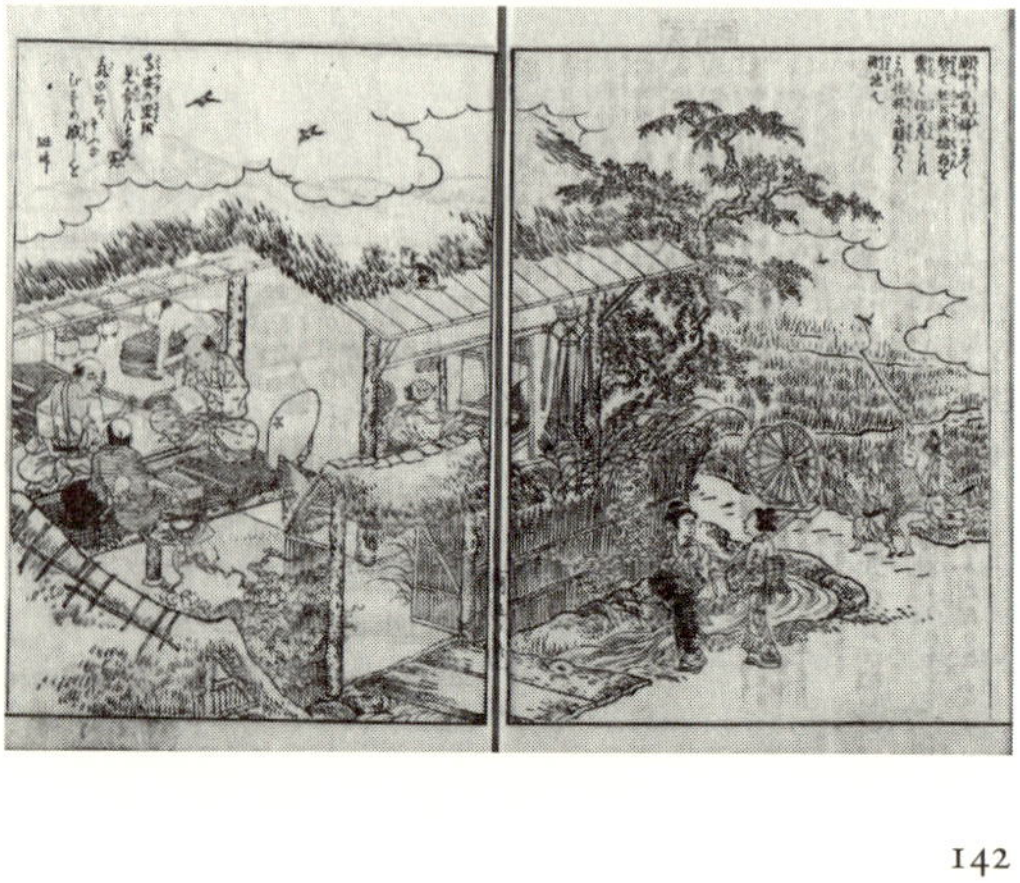

『河内名所図会』のうち高安の里
（国立国会図書館蔵）

江戸時代は周知の通り、農業を主な生業とする社会であったことから、当然のことながら日記にも稲の生育や年貢納入にかかわる記述が多く見られる。たとえば、明和九年（一七七二）の六月～七月にかけては「綿作病入」とあり、当地で盛んであった木綿作に被害が出ていることがわかる。十月には「検見」といって領内の米の出来・不出来を視察し、年貢量を決定する作業が行われるため、淀から藩士が来村し、その作業を進めた。明和九年の高安郡の場合では、十月二日～十五日にかけて行われた。それが終われば、実際に納入となるのだが、それもすんなりとはいかないのが常であった。「同（十一月）十九日、淀蔵詰三百石之内四拾石はね米有之、同日直し相納」とあるように、品質の悪い米は年貢米とは認められず、再度上納が求められた。結局、年貢納入が完了するのは、年末も押し詰まった十二月二十五日であった。

接待に苦慮する村人たち

藩領の大部分は農村でそこに住む人々は農民であるのだが、当然藩士との付き合いなしに生活することは無理であった。淀藩の場合、「郡中御改」と称して宗

表7　淀藩領高安郡村々一覧

村名	村高	うち新田（石・概数）	人口（人・概数）	家数（軒・概数）	備考
恩智村	648.970		1100	280	
垣内村	345.040	43	250	60	
教興寺村	110.403	17	130	30	他に備中岡田藩領
黒谷村	207.479	15	250	60	他に備中岡田藩領
郡川村	403.840	31	470	120	
服部川村	651.823	92	340	90	
山畑村	216.222	24	250	70	
大窪村	281.113	7	290	70	他に小田原藩領
千塚村	251.112	1	200	25	
水越村	305.000	3	380	90	
神立村	150.600	0.6	320	70	他に玉祖神社領
大竹村	339.006	1	270	60	他に旗本加藤氏領
楽音寺村	408.340	5	270	70	

（八尾市立歴史民俗資料館友の会古文書部会編集史料集１『河内国高安郡淀領郡村役用留』より作成）

旨改めを行う宗門方や年貢収納にかかわって勘定奉行・代官が来村した。また、土砂留といって土砂の流出を防止する土木工事が川上の村では行われたが、畿内では各藩の所領が錯綜していたため、貞享四年（一六八七）八月、畿内に所領を持つ大名を対象に土砂留の担当区域を設定した。これにより土砂留担当大名には、近隣の幕府領・私領についても立ち入りが認められ、他領の山林であっても修復を命じることができるなどの権限が付与されたため、高安郡は淀藩領であるにもかかわらず、岸和田藩の藩士が来村することとなった。

こうした任務を帯びた藩士は、一人で村にやってくるわけではない。明和九年（一七七二）九月の検見に際しては、勘定奉行・代官をはじめそれぞれの部下や家臣が従い、二一人もの藩士が列をなして村にやってきたのである。村では大庄屋宅をはじめ五軒を宿泊所とし、休息所には寺社をあてるなどした。さらに厄介なのが食事の世話である。このときの昼食の一例が日記には記載されているのだが、それを見てみると「しめじの吸物　魚三種盛　精進料理三種　酢の物　煮物　鯛小串　ご飯　香の物」とあり、昼食にしてはかなり贅沢なものとなっている。また、九月でもまだ暑かったのであろうか、吸物として「くず　白玉」が出されており、現在でいうところのデザート的な料理も並んでいたことは興味深い。また、村人が苦慮したのは料理や宿の手配だけではなく、寝具や風呂、行灯《あんどん》といった照明器具などの用意にもずいぶん気を使ったはずである。

こうした巡見に要した費用は村で負担することになっており、天保五年（一八三四）三月に宗門方が寺社見分を行った際には、役人の船賃や弁当代、酒代など三二七匁かかったと記されており、現在の貨幣価値にすればおよそ六五万円ほどかかった計算になる（銀一匁を現在の貨幣価値に換算することは難しいが、米価を基準にして考えるとおよそ二〇〇〇円）。

さらに、巡見に際してはまじめに仕事をするだけではなく、それぞれの地域の名所旧跡を訪ね歩くことが村へ派遣された藩士にとっては楽しみの一つとなっており、それを案内するのも村人たちの手で行われた。大庄屋の日記にも、「(明和九年九月) 同五日、晴天　山畑村塚穴御覧、神立宮御参詣、花岡へ御出被成候事」とあり、「山畑村塚穴」とは高安郡に群集して存在していた古墳の横穴石室を指していると思われ、それを見に行ったことが記されている。なお、この高安古墳群は江戸時代から有名で『河内名所図会』にも描かれている。

また、花岡とは現在の大阪府八尾市楽音寺にあった浄土宗知恩院《ちおんいん》末寺の花岡山福生院を指している。江戸時代の詳しい状況は不明であるが、中世には東西一〇三間、南北六七間の寺域を有する大寺院であったといわれており、十一面観音と阿弥陀仏を本尊としていた。このように仕事の合間に、村々の名所を訪ね歩いている姿は、現在のサラリーマンに比べ、より自由に出張を楽しむ藩士の様子を見て取れる。

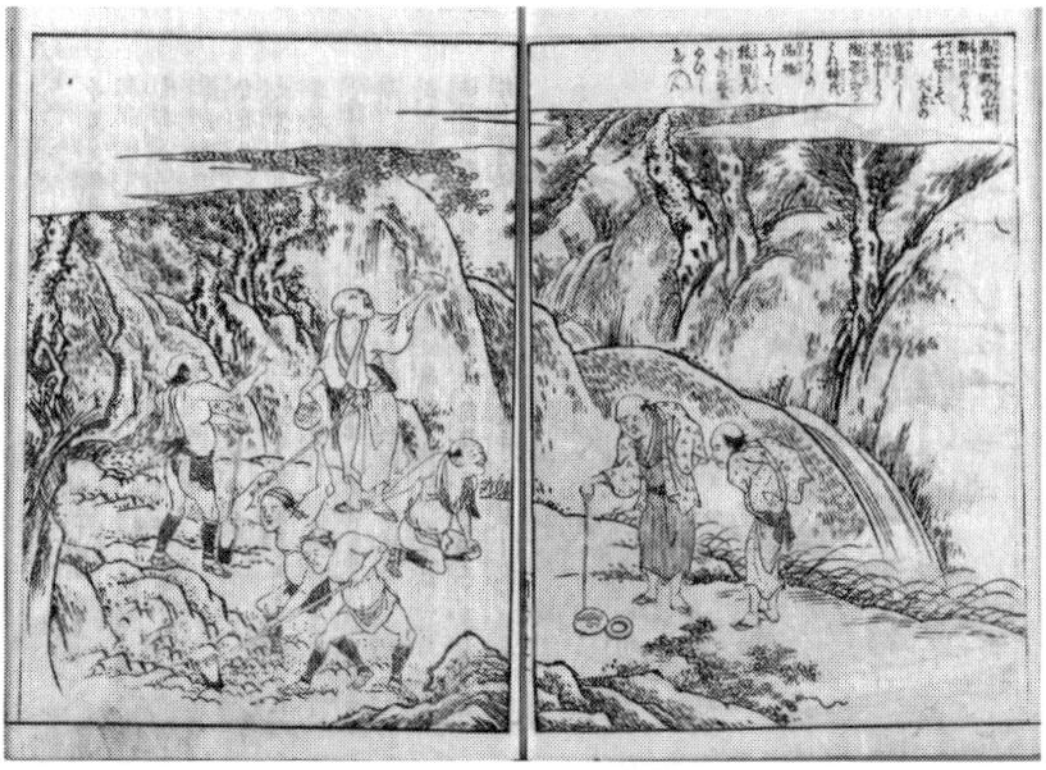

『河内名所図会』の高安古墳群の場面（国立国会図書館蔵）

淀へ出掛ける

以上のように藩士が廻村する一方で、村人たちが淀へと出掛けることも、たびたびあった。たいていが舟で大坂まで出たのち、淀まで三十石船に乗ることが多かったようであるが、ときには高安郡から陸路をとることもあった。

淀へと出向く主な用件は、たいていが節季ごとのあいさつと願書や報告書を提出することであったが、安永二年（一七七三）九月十二日には六代藩主正弘が没したことから、二十二日には「大庄屋の大東長右衛門をはじめ、水越村の九兵衛、北恩智村の武右衛門、郡川村の半右衛門が淀へ出掛け、淀小橋の三嶋屋の前で殿様の出棺を見送った」とあるように、村々の代表者が淀まで出掛け、藩主の葬列を見送っている。また、安永四年九月には「十二日ニハ純正院様御三回法事有之、十三・十四日は林昌院（麟祥院）様百三十三年御法事有之、逗留」とあり、六代藩主正弘と春日局の法要に参列しているが、こうした場面では一般の藩士に加え、藩上層部と面会・交流する機会があったと思われる。

村の事件簿

「江戸時代の村」というと、のんびりしていて毎日が平穏無事な暮らしの連続で、あまり事件らしい事件も起こらないように思われるが、実際にはいろいろな問題や事件が起こっていたのである。ここでは大庄屋の日記などから、村で実際に起こった事件を具体的に取り上げることで、「村の三面記事」を綴ってみたい。

まず、日記のなかでよく目にするのが、火事の記事である。現代でも火事のニュースは毎日のように報道されているが、江戸時代の消火方法は火を消すことよりも、延焼を防ぐことに重点が置かれていたため、それがうまくいかず、大きな被害が出ることもあった。たとえば、大庄屋の日記には天明二年（一七八二）二月十二日、「朝食を済ませたころ、神宮寺村で火事との知らせが届いた。屋根だけが焼けたようである」とあり、消火には村人を派遣している。

また、窃盗事件もしばしば起きている。天保三年（一八三二）閏十一月に記された宗門方の日記には、「去る十八日の夜、河内国渋川郡正覚寺村にある二カ寺に盗賊が入って、賽銭箱が盗み取られた」とある。大庄屋の日記にも、明和九年（一七七二）「七月九日の夜、服部川村にある寺院に盗賊が押し入り、衣類・脇差・小刀類が盗まれたので、同十一日、淀藩の方へ届け出た」といった事件が記されており、寺院が窃盗団に狙われていたことがわかる。

さらに、天明二年六月の強盗事件の場合は、蚊帳《かや》一張・銭六〇〇文・博打の道具などが盗まれたが、犯人はたまたま被害者の知り合いであったため、この村人は取られた品物が戻ってくれれば、表立って藩に訴え出ることはしないと事件の収束を図った。ただ、このように犯人が判明する事例は稀で、現在のように捜査技術が発達していない江戸時代にあって犯人を見つけることは困難であったと思われる。

さらに家出人の記事も散見できる。現代社会では家出人捜索願の受理件数が毎年約八〜九万件に上るといわれているが、江戸時代でも家出人が皆無であったわけではない。天明二年一月には「垣内村や北恩智村の百姓が家出した」との記述があり、このほかにも教興寺村の女性が娘をつれて家出するなどの記事が見える。これらの事例は経済の中心地であった大坂の近郊に位置することで、肥料や農具を揃えるにも現金が必要となる貨幣経済に巻き込まれ、自ら生まれ育ったであろう村を出て行かなければならない村人が多数いたことや、女性だけで農業経営を行いつつ、それまでと同様の生活水準を維持していくことがいかに困難であったかを示している。

第五章 幕末の動乱と淀藩

幕末の動乱のなかで、譜代の名門として難しい選択を迫られる。

淀城天守台の石垣

1

藩財政の窮乏と藩政改革

相次ぐ洪水や飢饉によって藩財政は窮乏化。
五代藩主正益による藩政改革も実効性には乏しかった。
本格的な藩政改革は十二代藩主正邦の登場を待たなくてはならなかった。

藩財政の窮乏

淀藩の領地は全国各地に分散していたことから、摂津や近江の領地で収穫された年貢米はそれぞれの場所で換金の上、現金で納入され、淀近郊の領地で収穫された年貢米のみが城内の米蔵に納められた。ただし、近郊の領地ではたびたび、洪水の被害を受けたことから、思うような収穫は望めず、年貢米収入は減少傾向にあった。藩は年貢減少分を商人からの多額の借金や農民たちからの年貢先納で補うようになっていくが、農民たちも毎年のように命じられる年貢先納に対処できるはずがなく、様々な問題が領内で起こるようになっていく。

たとえば、摂津領の村々では村人全員が借主となるような借米証文を作成し、地域の米商人から年貢米を借り受けることで上納するような状況が見られた。また、藩の借金であるにもかかわらず、農民たちに請印させ、直接の借主にし、京都・大坂の商人や在郷の豪農などから借金をするという事例も見られた。加えて、寛政三年（一七九一）二月には摂津領山田庄六カ村に対し、藩債の年賦割金を課した。しかし、山田庄六カ村では村々への割り付け方で利害が対立し、六カ村では大庄屋を入れて相談する一方、藩は中村庄屋平六と片山村善兵衛とに調停を命じ、事態を収拾しようとした。結局、六カ村村々が調停に応じたことで一応の決着を見たが、これらの事例からは藩の負債問題が村社会を混乱させ、共同体における従来からの関係性に少なからず悪影響を与えたことを窺い知ることができる。

藩の方でも財政難を打開すべく幕府に働きかけた結果、天明四年（一七八四）には藩領の付け替えが行われた。その時の詳しい内容を「稲葉神社文書」は「淀藩は城付きの領地が約一万九千石と大変少ない。（飛び地は遠方にあるため）幕府へ領地の付け替えを願い出たところ、特別の思し召しを以て、越後にある二万七千石あまりの領地を、和泉で約四千石、近江で約一万三千石、下総にある領地の近くで約一万石、加えて常陸・上野両国内においても、それぞれ拝領することとなった」と記しており、当初、山城・摂津・河内・近江・下総・越後の計六カ国一五郡であった領地は、山城・摂津・河内・和泉・近江・下総・常陸・上野の計八カ国二四郡となった（次頁図参照）。確かに藩領となった国や郡の数は増えたが、石高に変化はなく、城付きの領地も二万石に満たなかった。遠隔地の領地を畿内

淀藩の領地と国別の比率

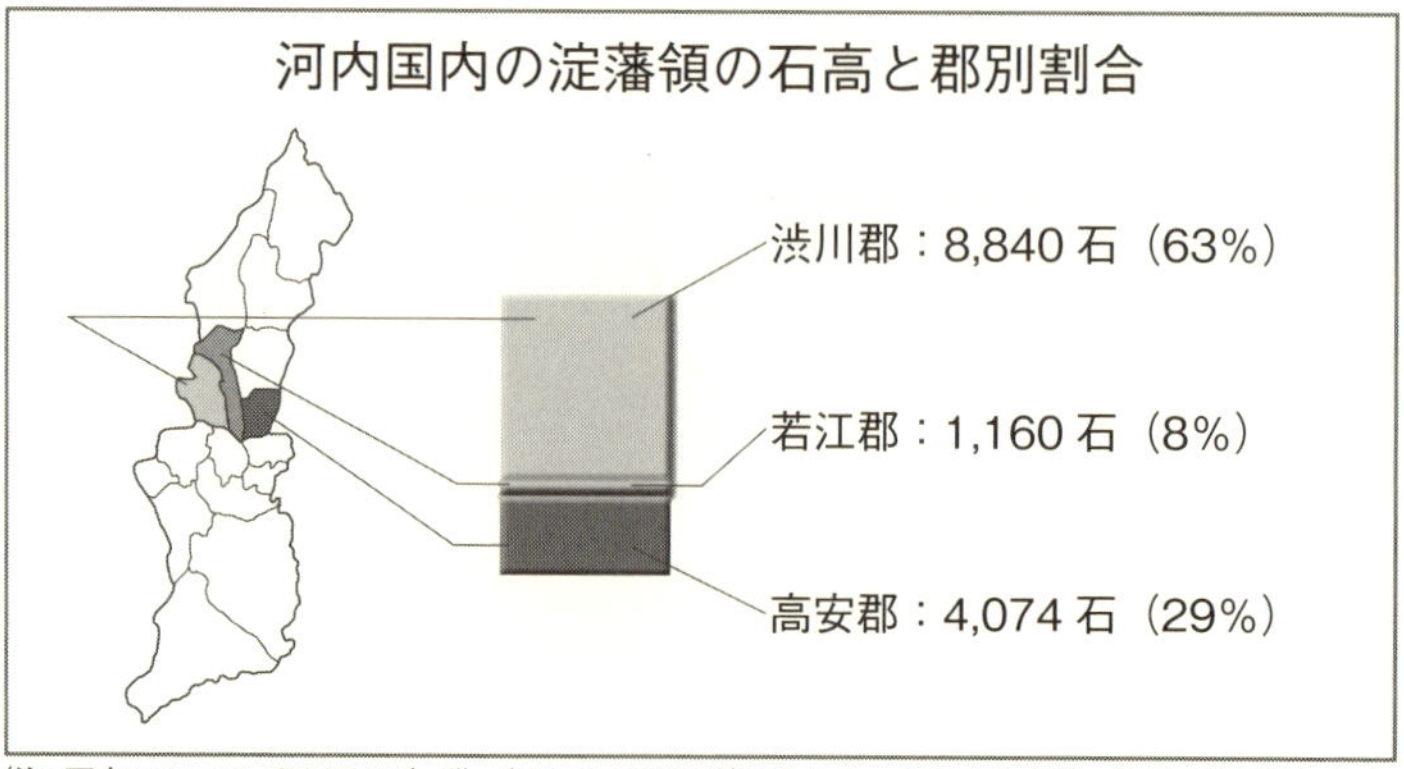

(注：石高について、石以下の斗・升・合については四捨五入した。%は小数点第一位を四捨五入した。)

(八尾市立歴史民俗資料館『研究紀要』19号・『淀領引継文書集』所収の天明７年「郷村高辻帳」のデータをもとに作成。)

近国に付け替えることで藩財政の安定を目指したが、藩領は以前よりも細分化される結果を招き、藩財政の立て直しは混迷の度合いを深めていった。

淀藩では洪水の頻発や所領の細分化のため、藩の財政難が村々を困窮させ、村々の困窮が藩の財政をより悪化させるという悪循環を繰り返したことで、他藩に比べ財政難がより一層進んでいったといえるだろう。

五代藩主正益による藩財政改革

こうした状況を憂慮した五代藩主正益《まさよし》は宝暦八年(一七五八)八月、「御暮方積書」という藩財政の再建計画を策定し、藩財政改革に乗り出した。「御暮方積書」の内容を表にしたものが表1と2であり、この計画通りに進めば、毎年約千五百石の余剰が生まれ、借金の返済も可能になるとの見通しであった。しかし、この計画は見通しの甘さとその実効性が問われる結果となった。なぜなら、収入のうち最も大きな割合を占める年貢米収入の収納率を五〇パーセントと見積もって計画を立てたが、この時期の実際の年貢収納率は四三パーセントと計画を下回る結果となり、年貢米収入という藩財政の根幹を成す部分で大きな狂いが生じたからである。

宝暦十一年には藩主正益の弟正春《まさはる》を藩政に参画させ、重臣とともに改革にあた

表1　宝暦8年の収支見積り

収入		支出	
摘要	石高	摘要	石高
年貢米	51000石	藩士俸禄米	23000石
藩士の借米	5000石	藩士の借米返却	5000石
		江戸藩邸費用	3200石
		水害・旱魃費用	5000石
		その他	5530石
合計	56000石	合計	41730石

(須田茂『幕藩制社会解体期の研究』より転載)

るように命じたが、明和三年（一七六六）には藩士からの借米が返済できない旨が通達され、「御勝手向御難渋」であり、「御家の危機」という状況にまで困窮の度合いを深めていった。このようになると決定的な打開策は見当たらず、年貢を担保にして商人からの借金を繰り返したり、領民に御用金・冥加金の拠出を求めるなど、その場凌ぎの綱渡り的な藩財政運営を余儀なくされた。

ただし、これは何も淀藩だけに限ったことではない。江戸時代後期になると「米価安の諸色高」という言葉があるように、米価が下落傾向にあるのに対し、諸物価は上昇傾向にあった。幕府や諸藩は農民に課した年貢米を現金化することで、主な収入源としていたが、米価の下落は年貢米の換金率を下げることにつながり、幕府や諸藩は実質的に収入が減少することとなった。一方で諸物価は高騰したため、収入が減少するのに対し、支出が増加する傾向にあり、財政再建は幕府をはじめ、多くの藩が早急に解決しなくてはならない最大の課題であった。こうしたなかで薩摩藩や長州藩は、返済不可能とも思われる借金返済計画を豪商たちに強引に了承させるとともに、いち早く特産品の藩専売制を導入して藩財政改革に成功することで国力をつけ、「幕末維新の主役」となっていったのである。

表2　収益金の支出見積り

摘　要	金　額
城普請	2000両
焼失道具補充	500両
御用米返納	1000両
拝借金上納	1000両
普請不足金	500両
若殿婚礼後の内分入用	3500両
若殿・奥方合力	1050両
借金の年賦・元利返却	4720両
合　計	14270両

（須田茂『幕藩制社会解体期の研究』より転載）

◆2

十二代藩主稲葉正邦の活躍

陸奥二本松藩主丹羽長富の子どもとして生まれ、十一代藩主正誼の養子となった正邦。藩内では藩政改革を実行し、老中となってからは幕政の難しい舵取りを任される。最後の老中として幕府の終焉を見届ける。

正邦の藩主就任から老中へ

二十二歳で没した正誼《まさのぶ》にかわって、陸奥二本松藩丹羽家から正邦が十二代藩主として迎え入れられた。嘉永元年（一八四八）の藩主就任以降、京都所司代・老中を歴任し、終焉を迎えようとする幕府を最後まで支え続けた。この時期の行動を表3にまとめたが、正邦がいかに多忙であったかがわかる。また、通常であれば奏者番・寺社奉行から大坂城代を経て、京都所司代、老中へと出世していくが、正邦の場合、寺社奉行・大坂城代を経験せずに老中へと上り詰めた。正邦が幕閣の要職に就任した時期はいずれも国内外に難しい課題が山積している時期でもあり、幕府としては親藩・譜代の大名、旗本の英知を結集して、この難局を乗り切らなくてはならなかった。

晩年の正邦
（『太陽』より転載）

まず彼が京都所司代であった文久三年（一八六三）六月から元治元年（一八六四）四月までの様子について見てみよう。この時期の最も大きな出来事は「八月十八日の政変」である。幕府は尊王攘夷の機運が高まるなか、攘夷派に押し切られる形で攘夷の期日を五月十日と決定した。しかし、公武合体を推進してきた薩摩藩や会津藩は朝廷内に勢力を持っていた長州藩とそれに与《くみ》する三条実美《さんじょうさねとみ》ら急進的攘夷派公卿を朝廷内から追放すべく、八月十八日にクーデターを起こし、三条ほか六人の公卿の参内禁止と長州藩の堺町御門警護を解くことに成功した。京都を追われた三条らは長州へと逃れたが、これがいわゆる「七卿落ち」である。

この後、薩摩藩を中心とする公武合体派が政治の主流を占めるようになる。この政変から約一カ月後の九月二十五日に出された一通の書状がある。これは老中有馬道純《ありまみちずみ》・牧野忠恭《ただやす》・板倉勝静《かつきよ》・水野忠精《ただきよ》が連名で京都所司代であった稲葉正邦に宛てたもので、「御所へ今年初めての菱喰《ひしくい》（鳥の名前）を献上致しました。御所でご披露下さるよう、所司代（稲葉正邦）の方から武家伝奏《てんそう》★の方へ申し入れてください」という内容であるが、毎年

表3　最後の藩主稲葉正邦の行動

年　号	西　暦	事　項
嘉永元年	1848	藩主就任
安政年間	1854～60	禁裏守衛・禁裏造営・京都火消
文久3年	1863	京都所司代就任　八月十八日の政変→長州藩士の捕縛
元治元年	1864	老中就任　将軍家茂上洛
		禁門の変→京都の滞在
		長州征討→広島へ
慶応元年	1865	老中退任　江戸へ
慶応2年	1866	京都守衛→老中再任
		この間、江戸→京都→大坂→江戸→京都→江戸と移動
慶応3年	1867	大政奉還へ　→　慶喜の意を受けて西上計画
慶応４年（明治元年）	1868	薩摩藩邸接収を命じる
		老中退任
		鳥羽伏見の戦い→戊辰戦争へ
		慶喜の謝罪状を持って上京するが、三島で止められる→謹慎
		謹慎を許され、帰藩

（東京大学史料編纂所維新史料綱要データベースより作成）

のように贈られていたであろう「菱喰」もこの年に限っては「公武合体」を象徴するような役割を担ったと考えれば、興味深い古文書であるといえる。

さらに天誅組《てんちゅうぐみ》の変★や将軍家茂の上洛など、幕末の混沌とした政局のなかに否応なく身を置くことになった正邦は、このあとも歴史の大きな転換点に立ち会うことになる。

京都所司代を辞した正邦は老中へと昇進した。元治元年四月から慶応元年（一八六五）四月までの一年間である。この間に京都での政治的立場を失った長州藩が上京し、失地回復を目論んで御所へ向けて発砲した「禁門《きんもん》の変」が元治元年七月に起こり、つづけて朝敵となった長州藩を征伐するための長州征討（幕長戦争ともいう）が起こった。長州征討にあたって正邦は征討副総督として広島へ赴き、藩士もこれに従った。藩士の一人、竹林次郎が記した「御出陣御人数帳」によれば、当時主流の武器であったゲベール銃を装備したゲベル隊三六人、西洋大砲隊一七人をはじめ、総勢四五〇人近い藩士がそれぞれの役割とともに書き上げられている。当時淀藩士は七〇〇人足らずであったから、藩士の約六割が何らかの形で長州征討にかかわったことになる。また、所領である摂津国嶋下郡吉志部村（現大阪府吹田市）では領主である正邦の武運長久を願って、村人が氏神である吉志部神社に絵馬を奉納しており、正邦が領民からいかに慕われていたかがわかる。

そして、約一年間のブランクののち、正邦は再度老中に任命される。慶応二年

▼武家伝奏
京都所司代と連携して、幕府と朝廷との連絡をつかさどる公家のこと。

▼天誅組の変
文久三年八月、公家の中山忠光を擁した土佐脱藩浪士吉村寅太郎、国学者伴林光平ら天誅組が尊王攘夷と討幕を掲げて、大和五条代官所を襲撃した事件。

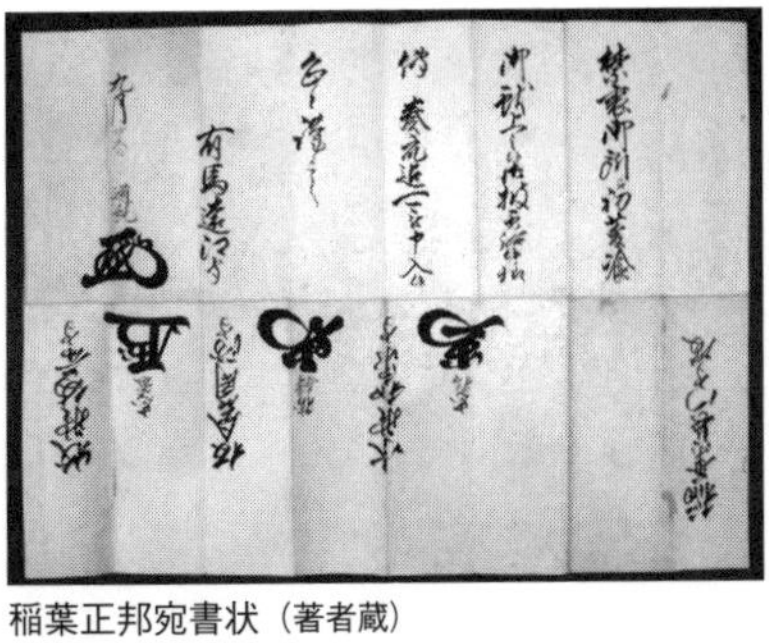
稲葉正邦宛書状（著者蔵）

四月のことである。幕府は職制改革を行い、それにともなって正邦は翌年、国内事務総裁を務めるなど、風雲急を告げる国内外の情勢に対処すべく奔走する。しかし、将軍や老中数人が京都へ上るなど政局が京都を中心に動くようになっても、正邦は将軍不在の留守幕府を預かるため江戸に詰めることが多く、難しい舵取りを任されることになった。

とくに大政奉還から王政復古、鳥羽伏見の戦い、戊辰戦争へと目まぐるしく変化する政局に対応し、慶応四年二月二十一日までひとり老中の座にあり続け、終焉を迎えた幕府の残務整理を行った。その意味で正邦は「最後の老中」だといえるだろう。

正邦による藩政改革

このように幕閣として活躍した正邦であるが、京都所司代就任までの約十五年間は藩政の安定のために腐心した。なかでも藩財政改革が喫緊の課題であったが、それは正邦が藩主となるころには年貢収入が四万五千石ほどと、五代正益による藩財政改革を経てもさほど回復していないことが原因であった。その後、正邦が幕府の要職に就任するようになると困窮の度合いに拍車がかかり、江戸での生活費が二万三千石と、淀での経費二万千石を上回るようになり、藩政の運営も

長州征討へと出陣する正邦を描いた絵馬（吉志部神社蔵）

ままならない状況まで追いつめられた。

正邦は嘉永元年（一八四八）十一月藩主に就くやいなや、領内で起こった災害のため幕府から三〇〇〇両を借りるとともに、藩政改革の担当者として家老の松尾鈞之助《きんのすけ》と勘定目付の佐藤重助《じゅうすけ》を登用し、「御家仕法替」「改革仕法」「国産仕法」という三つの財政再建策を策定し、改革に取り組んでいった。以下、それぞれの内容を見ていこう。まず、「御家仕法替」とは領内の豪農などから資金を借りることで、これまでに累積した大坂商人からの借金を十年から二十年をかけて無利息で返済するものであった。

ついで「改革仕法」とは、いわば藩士の給与体系を改革するもので、家族の人数によって扶持米を支給する「面扶持」という制度を導入し、給与の大幅な削減を断行した。また、関東領の下総大森陣屋では役職に就くと役料を支給する必要があったことから、役職に就く人員を削減し、各役所への出勤日も偶数日のみの出勤とした。

最後に「国産仕法」とは嘉永元年から専売制を敷き、領内において特産物を育成し、それを独占的に買い占め、藩が商人に代わって大坂や江戸といった中央市場において売り捌くというものであった。淀藩ではとくに江戸で大量に消費される薪や炭に目を付け、薪炭荷主を中心とする山稼ぎ仲間の結成を認める一方で、国産政策への協力を求めた。

関東領での改革がある程度、有効性があると判断した正邦は、上方領の改革にも取り掛かる。安政四年（一八五七）十一月には上方領五カ国の領民に、財政の抜本的改革案を示し、安政六年十一月には改革の趣旨として、「これまでのような方法では財政改革はままならないので、藩も緊縮財政を敷いて無駄を省くので、領民も質素倹約と農業出精による年貢上納を励行するように」という内容の趣意書を正邦自らが起草し、領民に訴えるということまで行われた。

江戸下屋敷での国産仕法

淀藩では国産仕法と関連して、五万坪という広大な敷地を擁する下屋敷の有効活用が模索された。このとき登用されたのが、下総領龍腹寺村（現千葉県印西市）で取締名主を務めた海老原長彦であり、彼は五、六人の杣人《そまびと》★とともに下屋敷での国産仕法を実践していくことになる。

藩では当初、下屋敷の雑木林を畑へ転用したり、杉苗を植えることなどを考えたようであるが、長彦は下屋敷内を何度も調査した結果、二つの活用策を提示した。一つは雑木を切って炭焼きすること、二つは棕櫚《しゅろ》の皮は漁場で漁具や網として使うことに目を付け、一枚を四文で売れば、一年間で一本の木からは四八文ほどの利益となり、下屋敷全体に植えるとかなりの利益となるというものであった。

▼杣人
材木用の樹木を伐採することを生業とする人のこと。

長彦の計画は藩にも取り上げられ、実行に移されていくことになる。

江戸に呼ばれた長彦は藩の下屋敷で生活することになるが、そこでの暮らしは思いもよらないことの連続であった。彼には宿舎として、火鉢・寝具などの生活必需品が整えられた御殿の客間が用意され、一日三度の食事は藩の料理人が調理したものであった。また、当時下屋敷に隠居していた十代藩主正守がふらりと長彦のもとを訪れ、声を掛けることもあったという。長彦が和歌を嗜むことを知った正守は和歌の献上を命じ、あまりのことに驚いた長彦は辞退を申し出るが、「お断りすると失礼にあたる」と周りから説得され、和歌を献上している。長彦の和歌を正守はよほど気に入ったのか、まわりの者にも見せて褒め称えたという。こうした長彦と正守との交流は当時では大変珍しいことであったが、身分を越えて、藩政改革を推し進めようとする強い意識が二人を近づけたといえるだろう。

藩政改革は正邦―松尾のラインで進められたが、正邦が京都所司代・老中を務めるようになるとその多忙さゆえ、藩政を顧みる機会は減っていった。そこで正邦の改革路線を支えたのが、十代藩主で病気を理由に下屋敷で隠居生活を送っていた正守およびその側近たちであり、下屋敷が国産仕法の拠点となったことはそのことを示している。なお、下屋敷の土地は後年、開拓使の農業試験場（東京官園）として利用されることになり、現在は国連大学となっている。

農業試験場の様子（奥は稲葉邸）「二号地茶室の側より稲葉邸の境界車道の以東を写す」『開拓使官園写真帖』（函館市中央図書館蔵）

3

鳥羽伏見の戦いと淀藩

淀が鳥羽伏見の戦いの主戦場となる。

藩主正邦・筆頭家老田辺権太夫不在のなか、残された家臣たちは難しい選択を迫られる。

最後の老中を辞した正邦に徳川慶喜は朝廷への嘆願書を託す。

慶応三年の日記に見る淀藩

慶応二年（一八六六）の暮れも押し迫った十二月二十五日、孝明《こうめい》天皇崩御の知らせが全国を駆け巡った。その後に続く混沌とした状況は、藩主正邦の多忙さや京都と大坂を行き来する諸大名の様子から、淀藩の人々にもおのずと伝わったはずである。藩内ではまず、軍制の改革が行われたようで、弓術指南役であった竹林次郎が記した日記にもその様子が記されている。慶応三年六月の記事に「西洋流御銃…請取」との記述があることから、この時期に軍備の近代化を進め、つづく七月八日には御軍立の改革が行われた。この御軍立改革によって毎月四のつく日には大隊の訓練が、六のつく日には御軍立訓練がそれぞれ淀城下の木津において行われた。なお、淀藩では藩士内田平学を西洋砲術家高島秋帆のもとへ入門さ

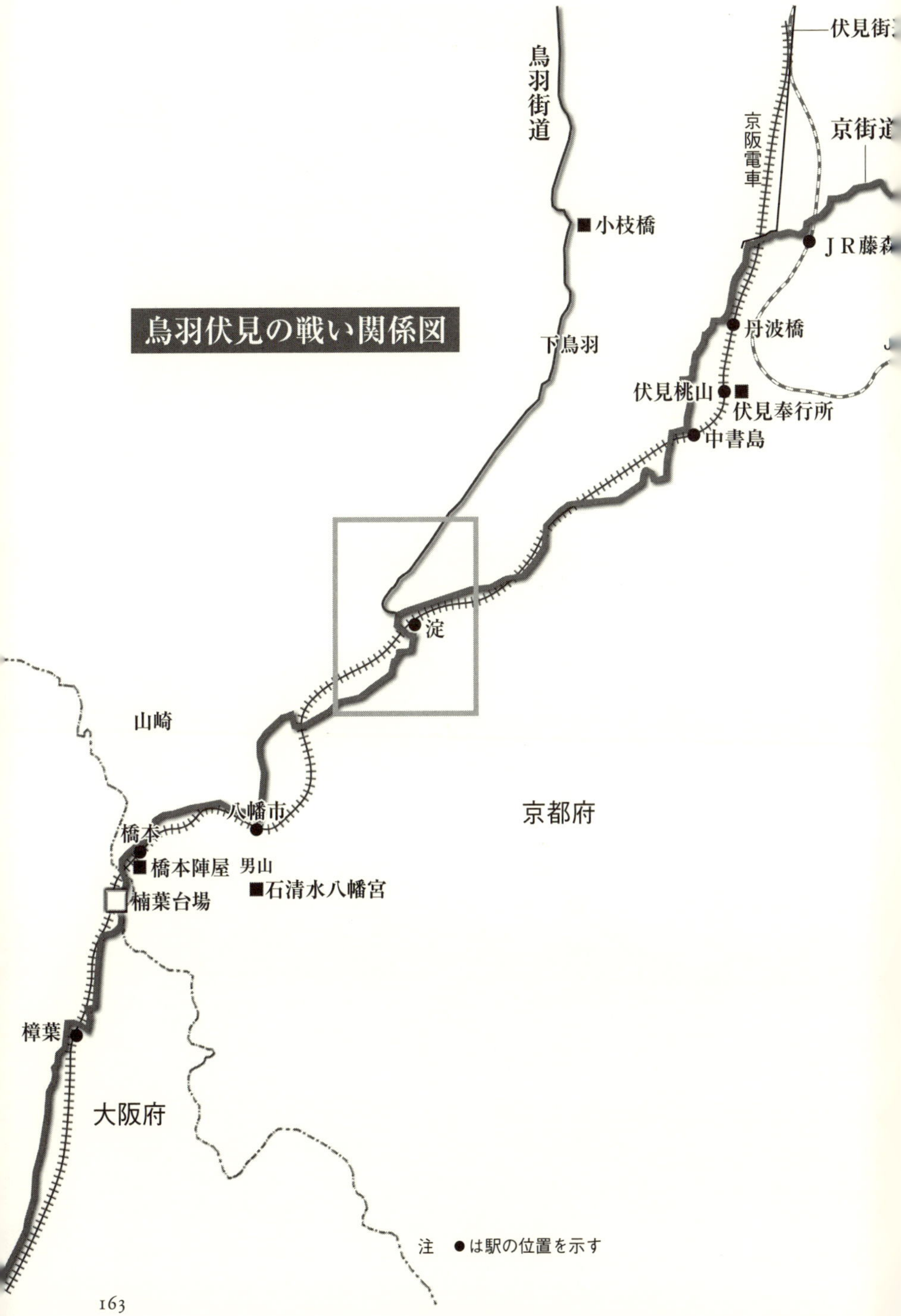
鳥羽伏見の戦い関係図
鳥羽街道
小枝橋
下鳥羽
京阪電車
伏見街
京街道
JR藤森
丹波橋
伏見桃山
伏見奉行所
中書島
淀
山崎
八幡市
京都府
橋本
橋本陣屋
男山
石清水八幡宮
楠葉台場
樟葉
大阪府
注　●は駅の位置を示す

淀周辺拡大図

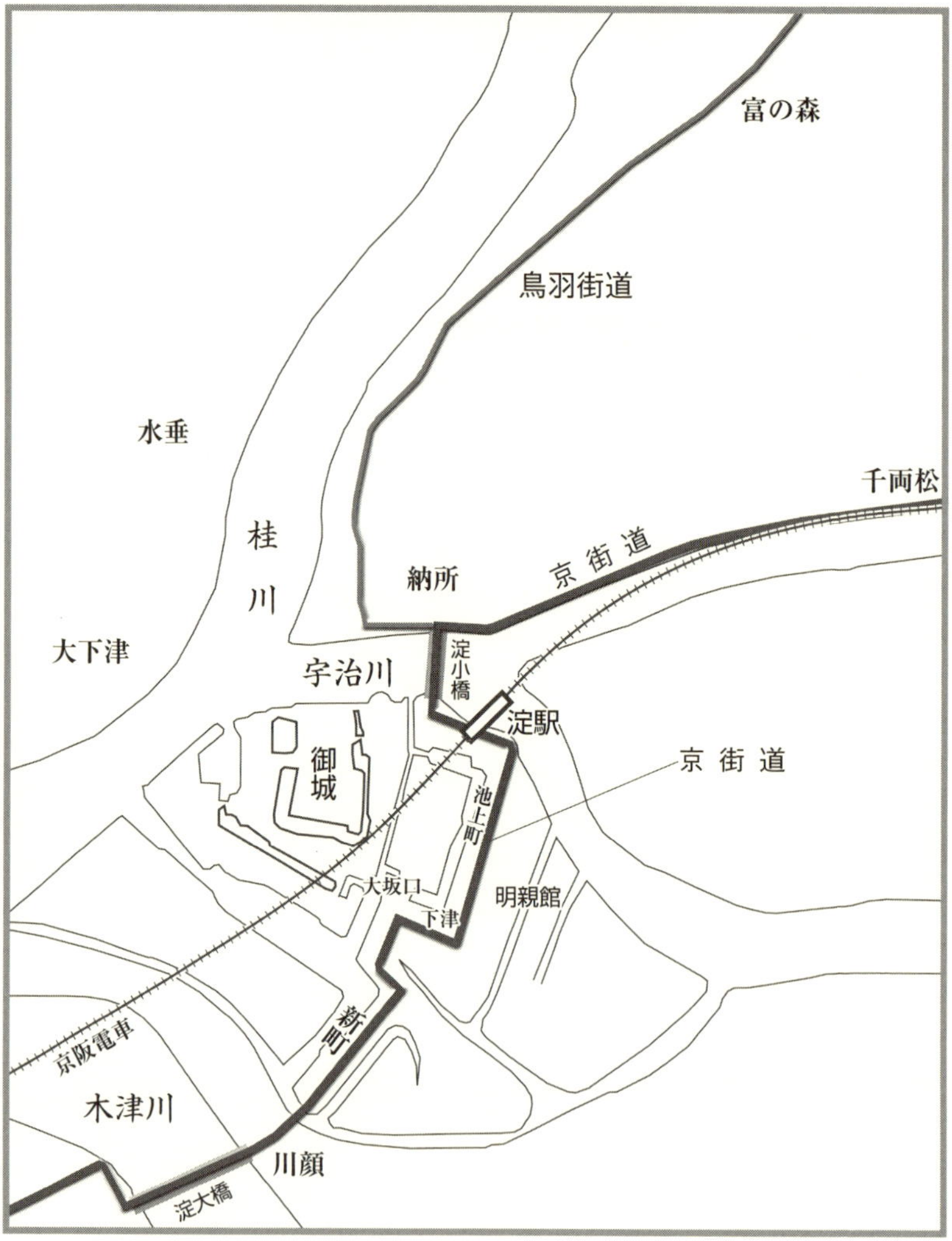
富の森
鳥羽街道
水垂
千両松
桂
川
京街道
納所
大下津
宇治川
淀小橋
淀駅
御城
京街道
池上町
大坂口
明親館
下津
新町
京阪電車
木津川
川顔
淀大橋

せ、西洋流砲術を取り入れた。また、時を同じくして古来からの砲術・弓術などの訓練も行われたようで、これは毎月七のつく日と定められた。また、家中で具足を所持している者は、年寄役によって検査が行われるので、事前に準備しておくようにとの通達が目付からなされた。

藩主正邦が慶応三年二月から京都で政務を執ることになったため、淀からも追加の藩士が京都藩邸に詰めることとなった。竹林次郎もその一人であったが、彼は二月二十九日から三月十日まで京都藩邸に詰めた。藩士のなかには京都だけでなく、江戸まで呼ばれる者もあった。用人川俣右門・内田孫助のほか、富原・田中・滝といった藩士たちは正邦の江戸下向に従い、八月十日に淀を出立しており、事態の急変に備えて多くの藩士が江戸での政務に従事せざるを得ない状況となっていたことがわかる。

大政奉還から鳥羽伏見の戦いへ

第一次長州征討では幕府への恭順《きょうじゅん》の意を表した長州藩であったが、のちに藩論を「倒幕」へと一変させたことから、幕府は再び長州征討への準備に取り掛かった。十四代将軍徳川家茂《いえもち》は自ら指揮を執るため大坂城へと入り、慶応二年（一八六六）六月に征討は開始されたが、幕府軍の士気は上がらず、戦況も不利に進むなか、七月に家茂は急死した。

慶応二年十二月に将軍職を引き継いだ徳川慶喜は、新たな政治体制の確立を目論んでいた。慶喜が目指したのは天皇の下に公卿・藩主からなる上院と藩士・庶民からなる下院とを設置し、慶喜がその中心となる今日の議会制のようなシステムであった。その実現のためには政治の実権を一旦朝廷に返す「大政奉還」を慶喜は決断し、慶応三年十月十四日にそれを実施、二百六十五年にわたる幕府の支配はここに終焉を迎えた。

慶喜は新たな政治体制においてもこれまで同様、その実権を握り続けられると考えていたが、その思惑は少しずつ狂い始める。武力倒幕を目指し、今後の政治の主導権を握りたいと考えていた薩摩・長州両藩は慶喜の実権を奪う目的で、官位の辞退と所領の返納を迫った。両藩が慶喜に対して官位の辞退と所領の返納という高いハードルを設定したのは、旧幕府側を刺激することで、武力衝突を生み出し、徹底的に旧来の体制を壊滅させることに主眼が置かれていたからである。

一方、旧幕府側も武力衝突が回避できないと見ていたため、十二月中旬には二条城に新撰組一五〇人、伏見に歩兵一〇〇〇人をはじめ、京都・大坂の要所には亀山・姫路の各藩兵を配置し、旧幕府軍は総勢一万五〇〇〇人を数えた。

そしてついに慶応四年一月二日、会津・桑名の両藩兵、旗本・旧幕府役人らは薩摩藩討伐を掲げ、大坂城から京都へ向かった。三日夕方には京都を目指す旧幕

将軍家茂の上洛を描いたと思われる錦絵（財団法人守口文庫蔵）

府軍と、京都の南方にある下鳥羽や小枝橋で街道を封鎖していた薩摩藩との間で武力衝突が起こり、ついで伏見奉行所においても薩摩藩の大砲が撃ち込まれるなど戦火は拡大していった。この戦いはこのあと全国の諸藩を巻き込んで展開される戊辰戦争の前哨《ぜんしょう》戦であり、戦端が開かれた地名をとって「鳥羽伏見の戦い」という。戦局は一時、旧幕府軍の優勢のうちに進んだが、戦略に長けた新政府軍に押され、四日早朝には淀まで退却した。四日から五日にかけては淀堤や富の森、納所、淀小橋北詰で断続的に戦闘が繰り返され、五日の淀千両松の戦いでは、武蔵日野の試衛館《しえいかん》時代から近藤勇《こんどういさみ》・土方歳三《ひじかたとしぞう》らと苦楽をともにしてきた新撰組古参の隊士井上源三郎《いのうえげんざぶろう》が命を落とした。

その後、旧幕府軍は石清水八幡宮がある男山《おとこやま》に布陣、新撰組は橋本に陣を敷いたが、淀川右岸にあった梶原台場を守衛していた津藩が朝廷に従ったため、旧幕府軍は西側からも攻撃を受け、散り散りに大坂まで敗走することとなった。こうしたなか慶喜は密かに大坂城を脱出、海路江戸へ向かった。この慶喜の江戸帰還は旧幕府軍に動揺を与えた。後退する旧幕府軍に対し、新政府軍は進撃を続け、九日には長州藩が、十日には征討大将軍仁和《にんな》寺宮嘉彰《じのみやよしあきら》親王が大坂城に入り、京坂間での戦いは終息を見た。鳥羽伏見の戦いで慶喜追討の口実をつかんだ新政府軍は有栖《ありす》川宮熾仁《がわのみやたるひと》親王を東征大総督に、西郷隆盛《さいごうたかもり》を参謀として、東海道・中山道・北陸道の各方面から慶喜のいる江戸城を目指した。慶喜は恭順の意を表し、

鳥羽伏見の戦いを描いた錦絵
（財団法人守口文庫蔵）

上野寛永寺《かんえいじ》で謹慎、四月には勝海舟《かつかいしゅう》と西郷隆盛による会談で旧幕府側が江戸城を明け渡したため、新政府軍は倒幕という所期の目的を達した。

藩士の見た鳥羽伏見の戦い

鳥羽伏見の戦いにおける淀藩の内情については不明な点が多いが、これは当事者である淀藩士が当時の状況について多くを語らなかったことによる。これまでは、竹岡則益（明治維新当時、藩校教授）によって明治二十四年（一八九一）に著された「歳寒松栢編」から当時の状況を推測するのみであった。しかし、今回新たに発見された「京地変動淀大軍実録」という史料には、鳥羽伏見の戦いにおける淀藩内外の様子が詳細に記されており、幕末維新史を語るのに大変貴重な史料であるといえる。この史料の成り立ちは、著者である高野瀬高清（明治維新当時三十二歳）が奥書に記すように、維新当時から見聞きして、書き溜めていたメモ書きのようなものを明治四十一年になってまとめたものである。確かに史実とは異なる記述も含まれるが、ここからはこの新出史料の記述を引用しながら、淀藩士が見た当時の様子を紹介していきたい。

「実録」は慶応三年（一八六七）十二月十二日の記事から始まっている。同日夕方、城下に大小砲を持って往来する人々がいるのを見て、不審に思った淀藩の

現在の大阪城

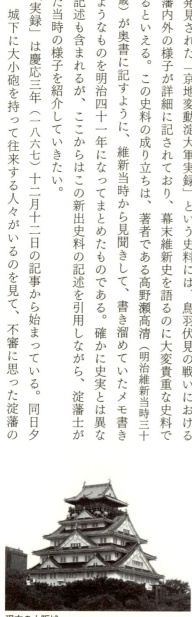

目付（「実録」には当時淀にいた目付として、飯倉健之助・八太倭作・石崎郁蔵《いくぞう》・南村保二郎・竹林次郎が記されている）は大坂口木戸門へ平士《へいし》二人と足軽四人を配置した。この段階では「何か変なる故」や「不穏事」といった漠然とした表現であることから、淀藩では事の成り行きを正確に把握していなかったと思われる。ただし、十二日から十四日にかけて旧幕府側から淀城入城についての打診があったようで、藩からは「当主（正邦）が留守なので、お伺いしてから」とか、「学校（藩校明親館）に入られるように」などと返答していることを考えると、旧幕府・新政府両軍の武力衝突の可能性は十分に予見できただろう。

年が明けて慶応四年一月二日、幕臣をはじめ、会津・桑名・大垣の各藩兵を中心とする旧幕府軍が京都を目指して進軍する。これらの兵は伏見・淀・橋本に分かれて逗留したが、淀には老中格で上総《かずさ》大多喜《おおたき》藩主であった松平正質《まさただ》と大目付瀧《たき》川《がわ》具挙《ともたか》が藩校に逗留することになる。

三日午後四時ごろには旧幕府軍は京街道と伏見街道の二手に分かれて京都を目指すが、その途中、鳥羽と伏見で新政府軍との戦端が開かれた。「実録」には「歩合宜し」との記述があることから、開戦当初は旧幕府軍の方が形勢はよかったと思われる。

明けて四日は夜明けとともに京街道と伏見街道の両方で戦いが始まる。旧幕府軍は新政府軍に比べ、人数の上では勝っていたが、長くて狭い街道を「数珠つな

鳥羽街道沿いに残る「戊辰之役東軍戦死者之碑」

ぎ」になって行軍したため、簡単に攻撃を許してしまう。新政府軍は藪のなかに隠れて銃撃したり、少人数の鉄砲隊を編成し、街道が堤防状になっていることを活かして、堤防の下に隠れている間に鉄砲に玉を込め、堤防上にあらわれては銃撃するという攻撃方法を繰り返したことから、旧幕府軍は次第に劣勢となっていった。刻々と伝えられる劣勢の報告に対し、「御役人方実は心配」や「表はザワザワ、内は誠にシュンといたしおる」といった表現が見えることから、松平正質や瀧川具挙が詰める藩校内には重苦しい雰囲気が漂っていたものと推測できる。

ここで問題となるのが、淀藩の対応である。藩校に松平正質・瀧川具挙が逗留することになり、藩からは町奉行が同心を連れて出役するとともに、目付役が両者からの御用を承る「御用聞」として藩校に詰めることとなった。

戦端が開かれた三日午後四時ごろには早鐘によって緊急事態であることが藩士に知らされ、藩士たちは具足に陣羽織《じんばおり》や火事羽織《かじばおり》を着、自らが腕に覚えのある武具を携えて城内に参集した。これらの藩士たちは淀が戦場となる可能性を考慮して、大手口・京口・木津口・大坂口といった城の内と外を分けるような出入り口に配置され、なかでも大坂口木戸門や三の丸にあった三の鉄門・枇杷木門といった要所には大砲方一〇人が配置されるなど、城の守りを固めた。

戦闘が激しくなった四日には負傷者も増えたようで、城下の南東に位置する三軒寺（高福寺《こうふくじ》・長圓寺《ちょうえんじ》・東運寺《とううんじ》）には負傷者が運び込まれ、淀在住の医師二人が治

三軒寺の現況

療にあたっている。同日昼ごろには大目付瀧川具挙から馬・舟・戸板・人足を差し出すように命じられ、「実録」にも「怪我人は釣台・戸板又は舟にて運ぶ。九つ時（正午）頃は別して多し」という記述が見受けられる。新政府軍の激しい攻撃に人数では勝っていた旧幕府軍も劣勢に立たされ、多くの負傷者が出ていたことがわかる。

淀藩の動静

つづく五日朝六時ごろには新政府軍と旧幕府軍との戦闘が再開されるが、四日の戦いで後退を余儀なくされた旧幕府軍は淀小橋まで退却し、橋の南側から火をかけ、橋を落とした。これにともない、川向いの納所町との間で銃撃戦が行われるが、旧幕府軍の装備は旧式であったためか、砲弾や銃弾は川を越えることなく、川中に落ちてしまい、新政府軍に大きな打撃を与えるまでには至らなかったと記されている。

この銃撃戦は朝十時ごろから午後二時ごろまで続き、淀藩は旧幕府軍と「同腹」と見なされたため、新政府軍からの攻撃にさらされることとなった。「実録」には「城内へ川向より厳しく大小玉来る」「大下津より薩（摩）軍嶋崎及び城内へ掛け、厳しく打ち込む」といった記述が散見され、このとき嶋崎を守衛し

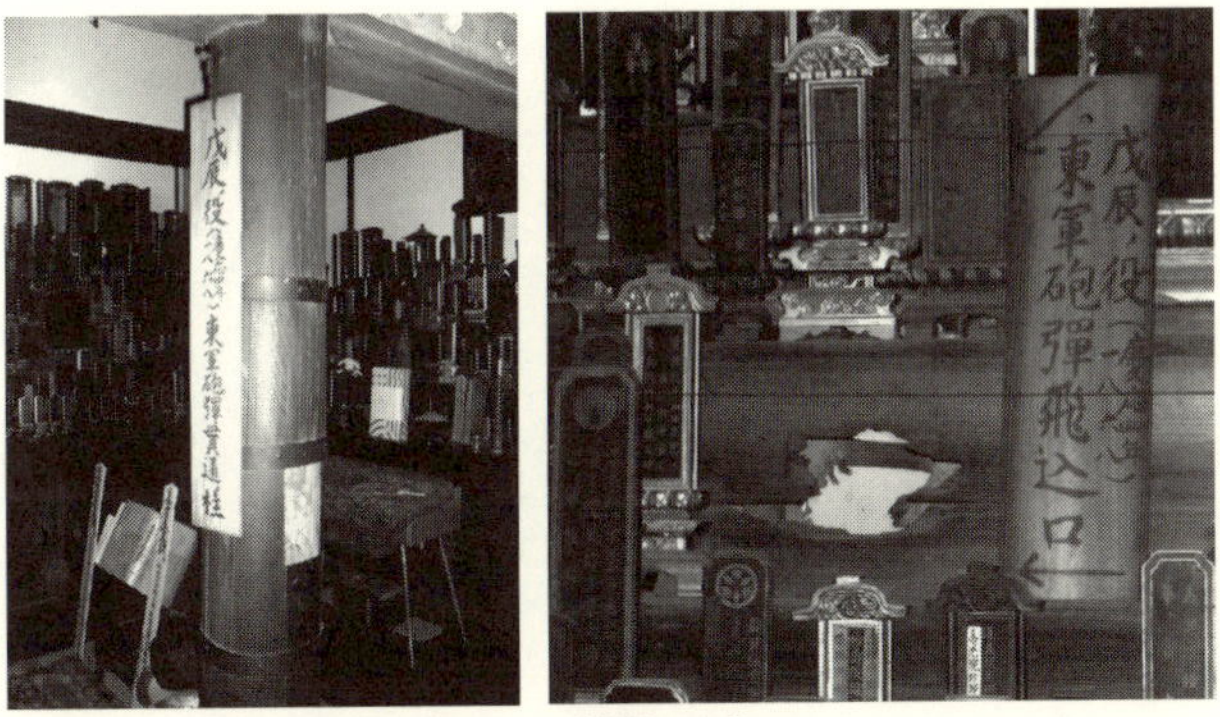

妙教寺本堂に残る砲弾飛び込み口と被弾した柱

ていた番頭（諸士を率いる侍大将のこと）の松田典礼は薩摩軍が対岸の大下津からあまりにも激しく攻撃するので、二の丸へと退却を余儀なくされた。

籠城する藩士らは「皆々決心極め、城を枕に打死（討死）覚悟」とあるように必死に籠城戦を持ちこたえようとするが、新政府軍からの攻撃はより激しさを増し、「玉は相変らず厳しく、御天守台に当たり破烈（破裂）するもあり」といった状況にまで追い込まれた。

一方、旧幕府軍はこの閉塞した状況を打破するため、淀籠城戦を画策し、城門を破って城内に入ろうとする。応戦する淀藩士は大坂口では旧幕府軍の侵入を防げたものの、大手口では力及ばず、押破られ一〇人ばかりが城内へ入り込んだが、結局、旧幕府軍は城を奪取するまでには至らず、これに業を煮やしたのか、家々に火をつけてまわったことで、淀の町は一瞬にして燃え上がり、淀大橋にも火をつけ八幡（現京都府八幡市）へと退却した。

このように旧幕府軍・新政府軍双方からの攻撃を受け、藩士の多くが「城を枕に討死」を覚悟していたなか、目付役の石崎郁蔵《いくぞう》は舟蔵から舟を仕立てて、薩摩軍の陣地へと向かった。旧幕府軍が八幡へ退却したことに加え、淀藩が新政府軍に対し二心ない旨の石崎の言によって薩摩軍は攻撃をやめることとなった。

こうした激しい戦闘のなか、淀藩では「御趣意これある由、前後へ一発も打たず、城内に籠り居り候」といった態度を取り続けたが、それは前年の年末、京都

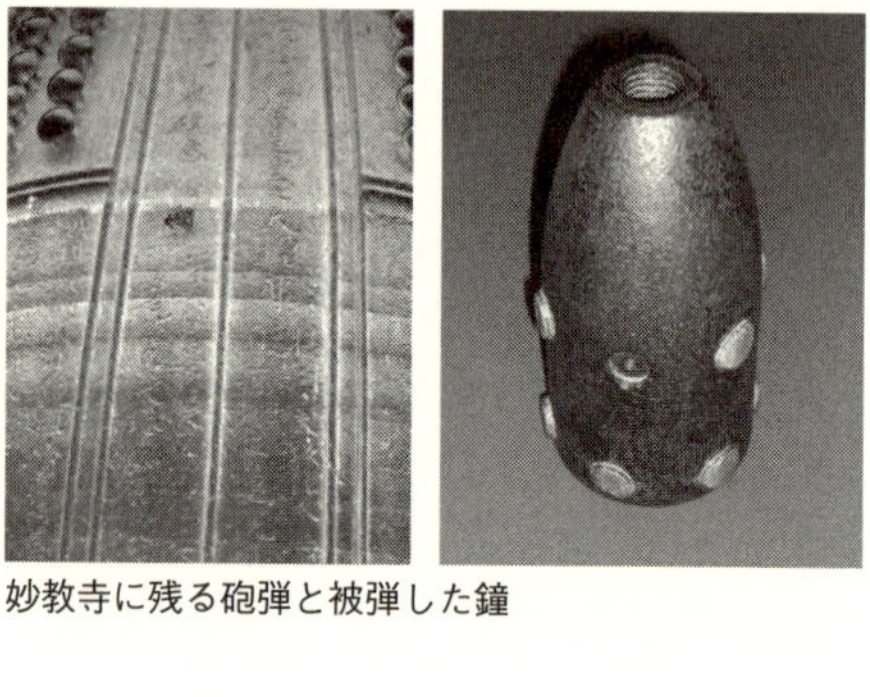

妙教寺に残る砲弾と被弾した鐘

留守居役であった岡鉚之助が御所へ呼ばれた折、「このごろ幕府方に不穏な動きがあると聞き及んでいるが、幕府方に通じてはならない。美濃守（藩主稲葉正邦）がこれまで粉骨砕身よく働いてくれたことは（明治天皇も）ご存じなので、このことをよくよく心得えておくように」との仰せがあったと三条実美から伝えられ、さらに正邦の義兄である尾張藩十四代藩主徳川慶勝（はじめ慶恕《よしくみ》。慶勝《よしかつ》の正室は陸奥二本松藩主丹羽長富の娘（矩姫《かねひめ》）であり、稲葉正邦の姉にあたる）からも同様の命があり、「此度変動は上へも下へも筒先向けることできず」、中立を保ったと記されている。

六日には主戦場を八幡に移すが、長州勢は淀川の対岸、山崎から幕府軍の橋本陣屋へ向けて砲撃を開始し、これを受けて、高浜（現大阪府島本町）を固めていた津藩藤堂《とうどう》家も旧幕府軍の兵站《へいたん》基地となっていた楠葉《くずは》台場に向けて砲撃を開始したため、旧幕府軍の劣勢は一層濃厚となった。

六日の夜には大坂城にいた将軍徳川慶喜、会津藩主松平容保《かたもり》、桑名藩主松平定敬《さだあき》、備中松山藩主板倉勝静《かつきよ》らが船に乗って大坂を脱出、十二日ごろ江戸に到着した。大坂城に残された旧幕府軍は七日から八日にかけて城から退却するが、九日になって火事が起こり、大坂城内の多くの建物が焼けた。十日には大坂城の火薬庫で大きな爆発が起こり、その轟音《ごうおん》は淀でも聞こえたという。

淀での戦いが終息したことを受けて、五日夕方から六日にかけて村方へと避難していた家臣・家族が呼び戻されるが、城下は焼け野原となっていた。主だった被害について「実録」には、丸ノ内にあった八太・松原・西尾などの重臣の屋敷をはじめ、名前の判明する家臣の屋敷九三軒、城下町では新町・下津町・池上町、寺院では文相寺・大専寺がそれぞれ焼失したと記録されている。焼け出された家臣たちは焼け残った親類の家に同居を余儀なくされた。

　また、城内も未だ混沌とした状況であったようで、大手口を守っていた者頭（鉄砲隊の組頭のこと）の田辺治之助が城内御広間脇で切腹する。この治之助の切腹に関して「実録」の筆者高野瀬高清は、幕府軍が城へと押し寄せてきているなか、話し合いのため一時、持ち場を離れ、その隙に城門が破られたことに責任を感じて切腹したのではないかと推測している。

　中立の立場をとっていたにもかかわらず城下が焼かれ、人的・物的被害が出たことは淀藩にとって不幸な結果であり、こうした状況を江戸にいる藩主正邦に伝えるため、目付役の石崎郁蔵が五日の夜八時ごろ淀を出立する。大津で新政府軍に二、三日足止めされるが、十三日には江戸に到着し、淀の状況を伝えた。第二陣としては用人の坂口杢之允が八日朝に淀を出立、十六日に江戸に到着している。通常、大坂―江戸間は十四日かかるとされるが、坂口の場合は八日間、石崎の場合に至っては大津で足止めされた二、三日を除くと約五日で江戸に到着しており、藩主正邦のもとへいかに早く知らせが届いたかがわかる。

淀城跡にある田辺治之助の碑

六日には前日から淀に駐留していた薩摩・長州両藩が進軍を開始するが、淀藩からは大砲二門と弾薬を調達し、淀周辺の御牧村《みまき》（現京都府久世郡久御山町）から広野村（現宇治市）にかけては旧幕府軍兵士の探索も行われた。

続く七日の正午すぎには、錦の御旗と仁和寺宮嘉彰親王を先頭に薩摩・長州・土佐・広島の各藩兵がその護衛として淀城に入城し、仁和寺宮は本丸御殿奥、公家衆は本丸御殿大書院、各藩兵は田辺・松尾・松原といった重臣の屋敷に宿泊することとなった。藩士のうち、中小姓の松崎源之允と並番の片岡元治郎の両名は、仁和寺宮の家来のなかに縁者がいるとの理由から御用聞役を仰せ付けられ、炊き出しなどの食事の世話に加え、ご機嫌伺いと称して鯉や菓子を献上している。また、城内の大坂口御門・京口御門などの各城門に藩士を配置し、城下においても町屋境の空き地には矢来《やらい》（竹や丸太で造った囲い）を設置するなど警備を厳重にした。

仁和寺宮とその一行は八日に八幡、九日に枚方、十日には大坂へと進軍し、本願寺津村別院《ほんがんじつむら》（北御堂）に入るが、淀藩からは案内役として中小姓や舟奉行が同行するなど、新政府軍への対応に追われた。

藩主正邦の動向

ここで藩主正邦の動向についてまとめておこう。慶応三年（一八六七）十二月九日に薩摩藩を中心とする勢力によって王政復古の大号令が出され、天皇を中心とする新政府が樹立されると、当時京都にいた老中板倉勝静から江戸にいた正邦に「兵を送れ」との指示があった。正邦は大名たちを江戸城に呼んで派兵の準備を進めるなど、幕府存続に向けた行動をとる。さらに、江戸では武力による倒幕を目論む薩摩藩が浪士を使って、しきりに幕府を挑発していたが、業を煮やした幕府は挑発を繰り返す浪士をかくまったとして薩摩藩へ浪士の引き渡しを求めた。しかし、薩摩藩はそれに従わなかったため、ついに十二月二十五日、老中の職にあった正邦は薩摩藩江戸藩邸への武力行使を容認することになる。結果的にこれが武力倒幕の口実となり、鳥羽伏見の戦いへとつながっていく。

鳥羽伏見の戦いにおいて正邦は老中板倉勝静からの再度の要請に応じ、援軍を上京させる計画を立てるが、実行に移す前に慶喜が江戸へ帰還したことで派兵の機会を失った。慶喜を支えた板倉勝静をはじめとする老中たちは一月末から二月初めにかけて辞任し、正邦も二月二十一日に老中を辞任した。

老中を辞した正邦は二月二十六日、京都へ向けて江戸を出立する。これに先立つ二月十二日、慶喜は江戸城を出て、寛永寺に入り謹慎したが、今回の一連の行動について、朝廷への謝罪と寛大なる処置を求める嘆願書を慶喜は正邦に託したのである。京都を目指す正邦主従は江戸を出発して三島《みしま》宿に到着した際、多人数であるうえに武器を携えていることを新政府軍に問い詰められ、しかも慶喜の嘆願書を持参していることが露見してしまい、詮議のため足止めを余儀なくされた。

新政府も異例の事態に困惑し、総督である有栖川宮に報告の上、裁許を仰ぐことになった。その間、正邦主従は小田原にある菩提寺紹太寺に逗留し、善後策を練ることとした。そこでは「僧侶の姿に変装し入京を果たすべきだ」という意見や「江戸へ引き返し官軍と一戦交えて討ち死にするのがよい」という強硬論が出たが、「強硬に新政府軍と対立するよりは、ここは耐え忍んで一旦嘆願書を慶喜公にお返しし、われわれがまず入京したうえで、朝廷に慶喜公の意思を伝えるのが得策ではないか」との意見が出た。正邦は断固として嘆願書を携えての京都にこだわったが、家臣たちは正邦を説得し、慶喜の嘆願書を返却したうえで京都を目指すことに決まった。主君にこのような苦渋の決断を強いたことは家臣の罪であると述べてはいるものの、家臣たちが正邦の説得を試みたのは、ここで正邦が慶喜の嘆願書を奉じて上京することに固執すると、かえって稲葉家が新政府の不興を買い、今後の政局において不利な立場へと追いやられる可能性があると考えたからであろう。なお、慶喜の嘆願書は慶喜に返すわけにもいかず、この後も正邦が所持し続け、新政府軍には「焼却した」と虚偽の報告をしたといわれている。

新政府軍は数度の取り調べを踏まえ、正邦主従に二心がないとの結論に達し、京都への出立を認めた。正邦は京都到着後、居城である淀城に戻ることなく、菩提寺である京都妙心寺の塔頭麟祥院で謹慎し、謹慎を解かれた閏四月十一日、晴

慶喜の嘆願書が入っていたとされる文箱（妙教寺蔵）

れて御所へ参内した。閏四月下旬になってようやく淀城に戻った正邦は、今回の淀籠城戦において格別の働きがあった藩士に対して褒美を下した。なかでも新政府軍との交渉を取りまとめ、城への砲撃を中止させ、その状況をいち早く、江戸にいた正邦へ伝えた石崎郁蔵には三十石の加増と執次格への昇進が言い渡された。

なお、幕末の動乱のなかで正邦がどのような心持ちであったかを推し量ることは難しいが、その一端を知ることのできる史料を最後に紹介しておこう。大政奉還後の政局について、江戸にいた幕臣の意見をまとめ、それに自らの意見を加えて作成した「愚存書草案」という史料には、武力倒幕を目論む諸藩と戦うには「陸軍・海軍ともに準備が整わないうえに、幕府の財政は逼迫している。（戦闘となった場合）譜代大名は頼りにならないだろうし、旗本がどれほどの働きがあるかも未知数である。（戦闘は）決して国家のためにはならない」、「くれぐれも朝廷には恭順の意を示すことが肝要である」と記していることから、正邦は幕府側が劣勢に立たされることを冷静に判断しており、板倉勝静の援軍要請に応えつつも、朝廷には恭順の意を示すように提案していることから、最後まで平和裏に事が進むように願っていたのではないだろうか。

淀藩を巻き込んだ鳥羽伏見の戦いは実際にはわずか数日の出来事であったが、淀藩にとっては藩主正邦の帰藩までには長い日時を費やした。これをもって「淀藩にとっての鳥羽伏見の戦い」が終結した。

淀藩は裏切ったのか

一連の動向のなかでよく問題となるのが、淀藩の立場である。幕末関連の書籍において「淀藩の裏切り」といった文言をよく目にするが、史料的な制約があるなかで、そもそも何をもって「裏切り」というのかが判然としない。この「裏切り論」に対して、淀藩の飛び地があった、現在の千葉県印旛郡在住の郷土史家佐藤泰史氏は非常に丹念な論証を行っているので、佐藤氏の研究成果や「歳寒松栢編」「京地変動淀大軍実録」に依りながら、再度検証していきたい。

まず、淀藩が藩論をいかに決定したかという点であるが、藩主正邦・筆頭家老田辺権太夫は江戸にいたため、「御用部屋」と呼ばれる合議機関でまずは検討されたと思われる。「歳寒松栢編」には「藩議、勤王・佐幕ノ二派に別レ、議論百出」とあることから、藩論が一つにまとまることは難しかったようである。この藩論が決するのには、さきに述べたように三条実美と尾張藩十四代藩主徳川慶勝が大きな役割を果たしたといわれている。京都留守居役の岡鉚之助が両者の手紙を持って淀に帰還したことで、「勤王党ノ論勢ヒ加リ、佐幕党ノ議漸ク屈ス」とあるように、藩論が決した。

藩論の決定に従い、旧幕府軍の求めには応じないこととなったが、さきに見たように淀藩では旧幕府軍・新政府軍のいずれに対しても反撃を加えていない。まさに「中立」を貫いたのである。この「中立」という姿勢が果たして「裏切り」となるのであろうか。譜代藩とはいえ、江戸時代の幕藩体制という当時の社会システムからすれば淀藩は一つの独立国と捉えることができることから、旧幕府軍の総司令官であるべき徳川慶喜や藩主正邦からの命令がないのに、容易にその主権の中枢である淀城を明け渡すことは無理な話である。

たしかに、旧幕府軍のなかには「淀城に立て籠ることで戦況の立て直しを図りたい」と思う者がいたと考えられるが、それであれば当初から淀城自体を本陣とし、戦略として籠城戦を想定する必要があるが、そうした工作はされていないうえに、淀藩に正式な依頼を行っていない以上、城門が閉ざされたことは致し方ないことである。慶喜自身、戦乱を避けるような態度をとっていることから、淀藩の上層部としても淀籠城戦の要請に応えることは難しかったといえるだろう。

幕末を取り扱った書籍に見られる「淀藩の裏切り」「淀城で籠城していれば、幕府軍は巻き返せた」といった記述は一種の感情論だといえる。日本人が春、桜の花の散るのを「もののあわれ」と見るように、また「判官びいき」という言葉があるように、日本人は往々にして去り行くものへの同情を禁じえない。それはこの時期、瓦解していく幕府に対しても同様の感情を持つ人々が多いからであろう。ほろびゆく幕府にもう一花咲かせてやるために、淀籠城戦はうってつけであり、もしかすれば幕府の逆転劇が見られたのではないかという感情論が「淀藩の裏切り」というセンセーショナルな文言とも相まって語られるようになっている。しかし、それは歴史の真実を見えにくくするフィルターになっていることにわれわれは気づかなくてはならない。

明治維新から百五十年目を迎えた今日、これまでの勝者による歴史、いわゆる「薩長史観」から脱却し、勝者・敗者という二項対立的な見方ではない、広い視野からもう一度、明治維新とは何であったのかを問い直す時期に来ているのではないだろうか。

妙教寺に残る「戊辰之役東軍戦死者之碑」

これも淀

いまも残る鳥羽伏見の戦いの痕跡

淀は鳥羽伏見の戦いの激戦地であり、淀の町を歩けば、いまでもそのことを物語るような痕跡を見つけることができる。たとえば、京都市伏見区納所にある妙教寺には旧幕府軍が打ち込んだ砲弾とその砲弾が本堂の壁を突き破り、内陣の柱にあたったとして、現在でも壁や柱には穴が開いており、その痛々しい痕跡を見ることができる。加えて、境内にある鐘や墓地にある墓石には銃弾があたった箇所を見ることができ、戦闘の激しさを知ることができる。なお、妙教寺は歴代家老を務めた田辺家や塚田家をはじめとする多くの藩士の菩提寺となっており、現在でも子孫の方々が参拝されている。

また、伏見区淀新町の長円寺には旧幕府軍歩兵指図役頭取森田貫輔が葬られている。

森田は京都から進軍してくる新政府軍と対峙したが、深手を負ったため自害して果てた。付き従っていた山内長人と大森鐘一は森田の首を介錯し、近くにあった真言律宗の寺院久修園院（大阪府枚方市に所在）の宝篋印塔《ほうきょういんとう》の下に埋めて、その場を立ち去った。ときは流れて大正二年（一九一三）秋、政府高官となった二人は森田を懇ろに葬りたいと久修園院を訪れ、鳥羽伏見の戦いのときのことを住職に話し、森田の遺骨を引き取って、幕府軍戦死者が多く眠る長円寺に改葬した。現在でも同寺には「森田貫輔首級」と刻まれた石碑が残っている。

長円寺門前の碑

門前には明治四十年（一九〇七）に建てられた榎本武揚揮毫の「戊辰之役東軍戦死者之碑」があり、同様の碑は妙教寺の境内にも現存する。このように淀の町は維新の動乱を振り返ることができる史跡が数多く残っており、当時のことを偲ぶことのできる貴重な場所であるといえる。

なお、余談ではあるが、かつて淀には新撰組ゆかりの埋蔵金伝説があった。

慶応四年（一八六八）一月三日に始まった鳥羽伏見の戦いにおいて、旧幕府軍はじりじりと後退を余儀なくされ、四日から五日にかけては淀近辺へとその主戦場を移した。そのなかには新撰組もいたが、古参の隊士井上源三郎が討死するなど、痛手を被った新撰組は再起を期すための資金として所持していた千両箱を淀城の堀に投げ捨て、隠したというのである。

このうわさ話をもとに、幾人かが堀浚いをしてその所在を確かめようとしたらしいが、結局、見つかることはなかった。

別章

お殿様が語る淀藩

稲葉家ゆかりの人々への想いを、十九代当主稲葉正輝氏に聞く。

淀城を描いた屏風（妙教寺蔵）

明治維新後、稲葉正邦は三島大社の神官を経て、神道事務局（現在の神道大教）の初代管長となった。つづく十七代正縄《まさなお》は肥前平戸《ひぜんひらど》藩主であった松浦詮《あきら》の三男で、明治十二年（一八七九）に正邦の養子となった。イギリスのケンブリッジ大学に留学し、帰国後は東宮《とうぐう》侍従《じじゅう》・式部官《しきぶかん》・宮中顧問官を歴任した。

十八代正凱《まさよし》もケンブリッジ大学に学び、戦前は建築家として外国人用の住宅・ホテル・大使館などの設計を手掛け、東京青山にあった自らの屋敷（旧藩時代の下屋敷）も英国風の洋館に建て直している。戦時中には、語学が堪能で一級建築士でもあった関係から、日本とタイ両国の文化紹介機関として設置された「日泰文化会館」の建築分野の担当者として、タイで過ごした。戦後は昭英建築事務所を設立し、建築家としての道を歩んだ。

現在の当主で十九代目にあたる正輝氏は昭和十五年（一九四〇）二月、屋敷のあった青山で、父正凱と母徳子の間に生まれた。母徳子は会津松平家十二代当主保男《もりお》（松平容保《まつだいらかたもり》の七男）の二女である。戦中・戦後の混乱のなかで幼少期を過ごし、戦後復興の歩みと同じく人生を歩んでこられた正輝氏が、稲葉家歴代の当主や幕末期の淀藩の動向について、また稲葉家にゆかりの人々との交流について、どのような思いを抱いておられるのかを聞いてみた。

稲葉家ゆかりの人物といえば、三代将軍家光の乳母であった春日局が有名であ

青山にあった稲葉邸（『住宅と庭園』昭和12年８月号）

るが、歴代当主は老中や京都所司代、大坂城代を務めるなど幕府の重臣としてその屋台骨を支えてきたといっても過言ではない。ご子孫である正輝氏が稲葉家歴代の当主についてどのような思いを持っておられるのかを尋ねてみた。

正輝氏：自分の家の歴史について関心を持つようになったのは、相当あとになってからですね。もうそろそろリタイアする時期になって、時間にゆとりができてからですね。それまでは、そういうことまで回らなかったから。

最近ではいろいろと調べているんですよ。今回の先生のご著書は江戸時代の稲葉家がテーマなんですよね。父には二人の姉がいて、父方の親戚も多いんですが、今回のテーマからいうと幕末期の動向ともかかわって、母方の会津松平家との関係などを中心にお話ししましょう。

私の母と会津松平家十三代当主にあたる松平保定とは姉弟であったことから父が亡くなったのち、松平の叔父が何かの時には親代わりとして親身になって接してくれました。叔父も会津のことを大切にし、よく行き来していたので、私が歴史に関心を持つようになったのは叔父の影響が大きいといえるでしょうね。私は歴代の当主のなかでも、正勝・正則に対しては非常に思いが強いですね。というのは、この二人の時代に続けて老中を務めて、幕府を支えたし、私が生まれた青山の下屋敷も拝領した。だから、やっぱりこの人たちがいなければ、稲葉の家の礎がなかったんじゃないかな、と思ってます。

広重の不二三十六景のうち「東都　青山」に稲葉家下屋敷が描かれている。（静岡県立美術館蔵）

著　者：江戸時代になってから稲葉家の基は、この二代で築きますね。

正輝氏：正則が創建した小田原の紹太寺には何度か行ってるんです。母や伯母も一緒に行って、お経をあげてもらった記憶がありますね。

正輝氏のいう正勝・正則とは稲葉家の二代目と三代目にあたり、正勝は母春日局の功績もあって、三代将軍家光のもとで小田原藩八万五千石を有する譜代大名へと成長した。つづく正則も四代将軍家綱の信任が厚く、結果十一万石の大大名へと出世した。

その正則が父正勝と祖母春日局の菩提を弔うために寛文九年（一六六九）、黄檗《おうばく》宗《しゅう》の祖隠元禅師《いんげんぜんじ》のもとで修行していた鉄牛《てつぎゅう》和尚を招いて建立した寺が、現在小田原市に残る紹太寺である。

なお、稲葉家にはこのほかにも菩提寺として、東京都文京区の麟祥院と京都市の妙心寺塔頭麟祥院、初代正成が眠る東京都台東区の現龍院、四代正往・五代正知・十二代正備が眠る東京都文京区の養源寺、七代正恒が眠る東京都墨田区の弘福寺がある。

著　者：最後の藩主で曽祖父である正邦については、お会いになられたことはないんですよね？　祖父である正縄さんまでですね？

小田原城

正輝氏：祖父正縄は大正八年（一九一九）に五十三歳で、祖母隆子は昭和十五年（一九四〇）の暮れに七十歳で他界しているので、私は写真や話だけで全然知りません。

著　者：十八代当主であるお父様の思い出についてはいかがですか？

正輝氏：父は戦時中、タイの「日泰文化会館」ていうところにいたんですよ。ところが戦線が拡大するにともなって、タイ国を足場にしてもっと攻め込もうと、陸軍が入ってきて、雲行きが悪くなってきたんですよね。そんな時に父は貴族院議員に再選されたので、最後の引き揚げ船の「阿波丸」に乗って帰ってきてくれ、と依頼があったんです。

それで、最後の引き揚げ船に乗れる切符をもらったんですが、どうしても陸軍の軍人さんが乗りたいと言うんで、誰か一人降りなきゃならないと。ほかの人はみんな必死に、「これにさえ乗れれば日本に帰れる」と言うんで、誰も手を挙げなかった時に、父は「じゃあ、私が降ります」って言って、その軍人を乗せてあげたんですよ。自分が乗れたのに切符を譲って現地に残ったのは、父らしいと思います。

それが九死に一生で。「阿波丸」はいろんな物資を積んでいたために、潜水艦に撃沈されてしまったんですよね。そのとき、私たちは会津にいて、母や親類などは「ああ、やられた。もう亡くなってしまった」と思ったらしいんですが、実は生きていて。戦後は少しの間ですが、抑留されたんです。

父は帰国後、いろんな人に聞いたりして、私たちが会津に疎開してるとわかったので、会津まで迎えに来てくれました。私が庭先で遊んでたらね、全然知らないおじさんが、探検隊みたいなヘルメットをかぶって、半袖のシャツにジャンパーを着て、ブーツを履いて、「おかしな格好した人が来たなぁ」と思って、きょとんとして見ていたら、それが父だった。

父はいつも明るく楽しい生活を求めていたので、（疎開先の会津から鎌倉の地に移って）不便な地の利であったにもかかわらず、いつも客人や笑いが絶えない家でした。まだ世間に娯楽が少ない時代に子どもたちの成長に合わせて、父が中心となってゲーム大会やダンスパーティ、バーベキューなど当時としては考えられないような、時代の先端を行くイベントでみんなを楽しませてくれました。母もそういう父の行動を文句一つ言わずに支えてくれていました。


正輝氏は幼少期には会津へ疎開、二十三歳のときに父正凱が亡くなるなど苦労が多く、若い当主としてまずは家族の生活が一番となったようで、前述したように当時は稲葉家の歴史について考えることは少なかったとのことである。ただ、現在は歴代当主・藩主の動向についていろいろと調べておられる関係から、危惧していることがあるという。それは、鳥羽伏見の戦いにおいて淀藩稲葉家が「裏切った」とする言説についてである。この点については前章において言及したが、今回のインタビューの主たる議題でもあった。

著　者：今回のお話のなかでメインになるかと思うのですが、幕末維新を扱った書籍には鳥羽伏見の戦いにおける淀藩稲葉家の動向を「裏切り」と表現していることがありますが、その点についてはどのように感じておられますか？

正輝氏：私は稲葉家の跡取りとして、そういうふうに書かれるのだけは許せないと。「裏切り」という表現は、あの時の状況を知らない人が言った言葉であって、そんなことを歴史に残されたらたまらないと思っています。

稲葉家が裏切るはずがない要点としてはいくつかあると考えています。まず、正邦が江戸詰めの老中だったので、淀に帰藩して指揮を執ることができなかった。また、尾張藩十四代藩主であった徳川慶勝（はじめ慶恕《よしくみ》）は正邦の義兄（正邦の姉が嫁ぐ）にあたり、淀にいる家臣たちは慶勝に逆らうことはできなかった。さらに、会津公（松平容保）とは公私でも深い関係があり、見捨てるわけがない。それが証拠に会津藩が青森県の最北端に斗南《となみ》藩として転封した際には、寒冷地での作物の品種改良や栽培方法の改良に役立てて欲しいとの思いから、江戸下屋敷の大部分を開拓使の農業試験場として提供している。また、江戸城退去後に慶喜公から託された嘆願状を持って上京しようと試みたが、これは三島で足止めされて約束は果たせなかった。「裏切り」と言ったのは新撰組《しんせんぐみ》が残した言葉なので、そ

松平容保
（国立国会図書館蔵）

こだけをクローズアップして歴史としないで欲しい。

著　者：そうですね。千葉の佐藤泰史さん（淀藩領があった現在の千葉県印旛郡在住の郷土史家）なんかも、詳しくお調べいただいて。「裏切り」という言葉自体も不適切ですし、当時の状況として、慶喜自らの命で「開城しろ」というような申し出があれば、淀藩も対応するだろうけれども、慶喜が来たわけでも、命令があったわけでもないようです。淀藩としては藩主・筆頭家老が不在のなか、高度な政治的判断を迫られたわけですから、家臣だけで即答するのはかなり難しかったと思います。

正輝氏：結局、証拠となる史料はないんですよね。老中だってみんな辞任していくなかで、正邦は最後まで幕府に残っていろいろ腐心するんですよね。それは自分があの時に新政府軍をくい止められなかったから。その後、会津藩は朝敵になってひどい目にあってるんですよね。

正輝氏が会津藩に対してこのように語るのには理由があった。稲葉家では四代正往《まさゆき》が保科正之の娘石姫を、十代正弘が松平容貞《かたさだ》の娘員姫をそれぞれ正室として迎えており、正輝氏の母徳子も会津松平家の出身であることから、稲葉家と会津松平家との強い結び付きを考慮してのことと思われる。加えて、正輝氏自身の幼少期の体験が、その思いをさらに強くしているように感じられた。

正輝氏…だんだん戦争が激しくなったので、母の里方である会津若松に疎開することになりました。母は子どもたちを一人で連れて、当時は切符を取るのも難しかったようですが、何とか列車に乗って、会津にたどり着いたようです。戦時中はずっと会津に疎開してました。私には陸軍の高官で、職業軍人だった伯父が一人いるんですね。長崎の大村藩の藩主家につながる人物で、その人が母の姉と結婚したのです。その伯父が相当頼りがいがあって、事々にいろいろ助けてくれて。戦時中、切符が取れなくて母が行ったり来たりしている時に、無理して切符を取ってくれて、列車に乗っけてくれました。

伯父が鎌倉にあった先祖伝来の品々を会津に一旦、全部疎開させるなど協力してくれたので、東京大空襲を免れて伝来品が現存しているんです。現在、麟祥院さんにある春日局の懐剣とか、全部、その時に運んだんです。結果的には鎌倉の家に置いておいても、鎌倉の家にも蔵があったから、大丈夫だったんですけれども、もうあの時はどうなるかわからない。「内地本土決戦」なんて言ってた時期ですからね。母もそうした品々を必死で守ろうとしたということですね。

青山にあった家は東京大空襲でまる焼けになったのに、稲葉家伝来の品々が残ったっていうのは、母が会津の人だから、会津式の教育を受けていて、会津の考え方を持ってる。先祖伝来の品々を大事にするという、そういう気持ちがすごく強かったんですね。それと厳しかったですね。私なんか弱かったんだけど、甘え

正勝の兜（京都麟祥院蔵）

て泣いてみたりするのは全然、ダメでした。「そんな、食べないなら食べないでよろしい」って言うのでした。恐かったですよ（笑）。

会津での疎開生活という幼少期の体験に加え、母徳子の会津式の教育、いわゆる会津藩校日新館《にっしんかん》に見られるような教育方針が貫かれ、これが正輝氏に大きく影響しているように思われる。また、当主正凱が戦時中タイに滞在していたことから、苦労も多かったであろうが、その窮地を救ってくれたのも会津松平家やそれにつながる人々であった。インタビューのなかに出てきた陸軍士官の伯父とは、旧大村藩主大村家の大村純毅《すみたけ》で母徳子の姉芳子の夫であった。大村純毅は戦前・戦中は陸軍の士官で、戦後は長崎県大村市の市長となった人物である。正輝氏によると「戦後も交流は続き、父を早くに亡くした時なども陰になりずいぶん助けてくれた、心強い伯父でした」と感慨深げに語られた。

なお、参考のために稲葉家と会津松平家との系図を挙げたが、これを見ると正輝氏は最後の老中稲葉正邦と京都守護職を務めた松平容保の二人を曽祖父に持つことがわかる。正輝氏がこのインタビューで、淀藩の動向や会津藩への思いを語ったのは、最後まで幕府の行く末を見守り続けた、二人の曽祖父稲葉正邦と松平容保の心情を

稲葉家・会津松平家系図

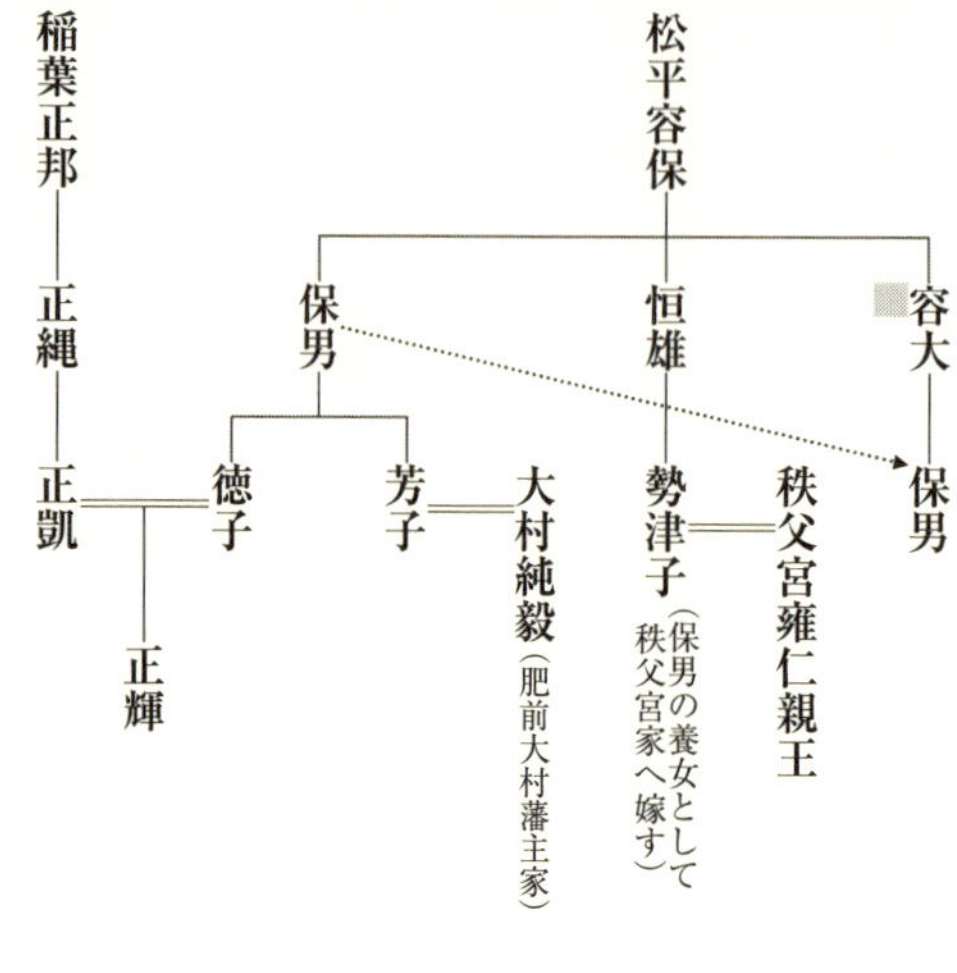

慮ってのことだといえる。

最後に菩提寺である京都妙心寺の塔頭麟祥院とのかかわりや藩士の系譜につながる人々との交流について尋ねてみた。

正輝氏：麟祥院さんとのお付き合いは先代住職の水野泰嶺さんのころからです。父と水野住職とは交流がありましたし、父が昭和三十八年（一九六三）に他界したあとは、お寺や淀の行事は母が中心でした。私はまだ二十代でしたので、母について行ったような感じですね。（水野師が住職であった）当時、水野さんは淀の方たちを私たちに紹介しようという、時間的余裕がなかったんですね、忙しくて。私たちも呼ばれるから行くという感じであって。春日局遠忌三百五十年祭とか、そういう大きな節目、節目のときだけで。そのときに、淀の方たちをご招待するだけの時間的余裕がなかったわけです。できればね、淀の方たちと一緒にやればいいのになと思っていたんですが。

このように話されたが、鳥羽伏見の戦いの戦没者を供養する供養塔を水野住職と巡ったことは印象に残っておられるようである。

正輝氏：その当時はまだ、淀の千両松っていうのがそのまま残ってるような感じでしたね。「ここが鳥羽伏見の戦いの古戦場だったのか」と思うような感じの景色がありましたね。そういうところでお線香やお経をあげるのに、母と私とが水野住職について廻ってたんです。

なお、戦没者供養のために供養塔を巡る法要は、現在でも毎年二月に京都市伏見区納所にある妙教寺主催で執り行われている。

著　者：それでは、稲葉さんご自身が麟祥院や藩士のご子孫の方々と交流を持たれるようになったのは、いつぐらいからでしょうか？　以前、麟祥院での春日局三百七十年遠忌法要（平成二十五年〈二〇一三〉九月十四日）に私も参加させていただきました。また、かつて「お城まつり」を淀城公園でやったことがあったかと思うんですが。それには私の祖父もかかわっていて、私も参加した記憶があるんですけども、そのぐらいのころ（昭和五十八年ころ）からお付き合いが始まったみたいな感じでしょうか？

正輝氏：藩士のご子孫の方にお会いしたのは、もう少し前ですね。昭和四十九年（一九七四）に結婚して、博子（正輝氏夫人）を連れて、新婚旅行で淀に行ったんですよ。それで家老のご子孫にあたる田辺さんに「結婚しました」ってごあいさつに行って。田辺さんの家が古文書の山で床が落ちそうになってて、「すごい」と思ったのは憶えてますね。また、先生がおっしゃる「お城まつり」には、

稲葉正凱揮毫の淀城址の碑

メインゲストで母と行ってるんですよ。その時にはじめて、藩士のご子孫で温故会の世話役であった成田さんから「あなたは十九代目です」って言われて、あいさつさせられたんですよ（笑）。

著　者：そうですか。成田さんも熱心に温故会のお世話をされてましたね。

正輝氏：ただ、菩提寺の麟祥院をお訪ねしたり、藩士のご子孫の方々と親しくさせていただくようになったのは、ここ十年ほどのことなんです。そのきっかけは、私が平成十七年（二〇〇五）に会社を退職して時間に余裕ができたことに加え、麟祥院の水野住職が亡くなり、後任に若い時、麟祥院に修行僧として入っておられた、現在の竹本宗豊さんが住職として戻って来られたことが大きいですね。竹本さんは住職就任当時お若かったし、歴史にも大変興味を持っておられたので、私としてはこの際、淀の温故会のみなさんを竹本住職に引き会わせられればと思ったのです。そのころ、藩の弓術指南役のご子孫である竹林さんなどが温故会の役員になられたので、ちょうどよいチャンスとばかりにご紹介しました。竹本住職も喜んでくださり、それがきっかけで交流の輪がじわじわと広がり、過日の春日局三百七十年遠忌法要のときには立派な法要もできるようになり、みなさんには大変感謝しています。

また、竹林さんと辻さん（藩士の子孫）のコンビで、辻さんが腕をふるい、立派な鎧櫃《よろいびつ》をはじめ数々の収納箱をつくって下さったお陰で今日、麟祥院にある稲葉家の伝来品も飾りたてることができるようになり、私も喜んでおります。

著　者：そうですね。竹本住職はじめ、みなさん熱心ですね。春日局の遠忌三百七十年法要のときも、たくさんの方々がお越しになられました。藩主の子孫と藩士の子孫とが一堂に会するのは、なかなかないことですしね。

正輝氏：あの時は大変盛り上がったので、よかったと思います。

著　者：そうですね。藩主の子孫と藩士の子孫たちが、お付き合いをされている藩は少ないとも思いますね。

正輝氏：私としても竹林さんたちは同年代なので、いまではリラックスしてお話ししています。とくに辻さんは困った時には頼りになる大切な方です。

京都に行けば、翌日は遊びに連れて行っていただくようになったのです。私も友人で歴史に関心を持っておられる方を同行するようになり、その友好の輪が広がったことは、よいことだと私は思っています。父や母が残した先祖からの伝来品をこの度、京都国立博物館に納めることができたのも、私一人では到底なし得なかった。みなさんのお力添えなしにはでき得ないことだったので、深く感謝しています。

お話を伺ったところでは、父正凱が早くに亡くなったこともあり、正輝氏と藩士の子孫の方々との交流は当初は希薄であったようである。ただし、家老を務めた田辺権太夫家のご子孫との対面は、正輝氏ご本人が語られたように非常に印象的で、いまでも鮮明に記憶に残っておられるようである。

インタビューのなかに出てきた「温故会」とは初代の稲葉正成を祀った稲葉神社の氏子組織で、明治から昭和初期にかけて旧藩士の親睦団体的な組織でもあった「澱城温故会」の系譜を引く「淀温故会」(現在の名称は稲葉神社崇敬会)のことを指しており、お名前の挙がっていた方々はいずれも、稲葉家の家臣という系譜を持つ方々である。

正輝氏と稲葉家ゆかりの人々とは、これまで仕事の関係からなかなか親交を深めることができなかったが、それを補うかのように、最近では頻繁に行き来され、交流を深められている。今回も正輝氏が寄贈された稲葉家ゆかりの小袖が京都国立博物館で展示されたのを機に来京され、藩士の子孫の方々と親交を深める親睦の場が設けられたので、著者もその場に同席させていただき、インタビューを行った。

今回の京都国立博物館をはじめ、近年、正輝氏は自ら所蔵している資史料類を博物館や公文書館に寄贈されている。それは稲葉家伝来の資史料類を散逸させることなく、後世に継承して欲しいとの思いからであるが、こうした思いに加え、今後とも同家所蔵の史料を用いた研究が深められ、これまでの「薩長史観」「裏切り史観」ともいうべき研究史からの脱却を願ってのことでもある。

著者は正輝氏とは旧知の間柄であったので、今回、「当主が語る歴史」を本書に掲載することを思いついたのだが、生い立ちからお聞きするのははじめてであり、存じ上げないことも多くあった。著者の不躾なお願いに対し、正輝氏がご快諾いただいたのは、「春日局だけではない、稲葉家の歴史を知って欲しい」「幕末の稲葉家の動向について自らの言葉で伝えたい」との思いからだと推察する。

終始、にこやかにインタビューに応じて下さり、最後には正輝氏から「これからは気軽に連絡して下さいね」とお声を掛けていただいた。今回の「当主が語る歴史」は今後の淀藩稲葉家研究にとって貴重な提言となったといえるだろう。

なお、インタビューは平成二十八年（二〇一六）六月下旬、京都において約一時間半にわたって行ったが、紙幅の関係から本書とかかわりのある事柄に限って収録することにした。文章化するにあたっては、文意が通じるよう、適宜、添削を行っている。

エピローグ

淀藩の終焉

江戸時代が終わりを告げ、「明治」と改元されると新政府は矢継ぎ早に新たな政策を打ち出した。それは旧来からの組織や社会に大きな変化をもたらしたことから、エピローグでは淀地域で見られた変化、なかでも景観の変化と藩の解体についてまとめておきたい。

まず、淀地域の景観については明治以降、河川の改修や道路の整備、鉄道の敷設など、大規模な土木工事をともなう「近代化」によって大きく変わった。淀川流域では慶応四年（一八六八）、明治十八年（一八八五）、二十二年と相次いで大きな洪水が起きたことから、明治初年には木津川を旧来より南側に付け替える工事が、三十年代には宇治川が淀の南西を流れるように付け替える工事がそれぞれ行われた（次頁図参照）。結果、淀で合流していた桂川・宇治川・木津川の三川は八幡付近で合流することとなった。

また、明治四十三年に京阪電車が大阪天満橋―京都五条間で開通すると、淀城の天守台に接して淀駅が設置され、大正十四年（一九二五）には町の北東にあった葭島《よしじま》という場所に京都競馬場が建設された。こうした大規模な土木工事によって、かつての城郭や城下町も大幅な改変がなされ、江戸時代の面影をとどめるものは少なくなってしまった。

一方、藩についても新政府による政策のもとで、旧来の組織は解体されていった。明治二年（一八六九）には大久保利通や木戸孝允の建議によって、それまで各藩の藩主が領有していた土地（版図《はんと》）と人民（戸籍）とを朝廷に返還する版籍《はんせき》奉還《ほうかん》がおこなわれ、藩主稲葉正邦も他藩の藩主同様、これに従った。新政府はさらに各藩に対し、機構改革を求め、淀藩ではそれまでの町奉行や勘定奉行といった役職から、施政・民政・会計・営繕・軍務・文武・内政の七局に改められ、局長の下に幹事や司事といった役職が置かれた。このとき、正邦は新政府から旧藩領を支配する知藩事《ちはんじ》に任命されている。

しかし、幕藩体制を温存したようなこの体制はわずか二年で終止符が打たれ、明治四年には全国を政府の直轄地とする廃藩置県が断行された。それにともない淀藩は淀県となったが、それもすぐに京都府へと編入された。正邦が知藩事の職を解かれたのをはじめ、藩士たちも京都府へ事務を引き継ぐと職を辞した。その後、正邦は東京へと移るのだが、淀を離れるにあたって、正邦は近隣村々の庄屋を淀城へと招き、別

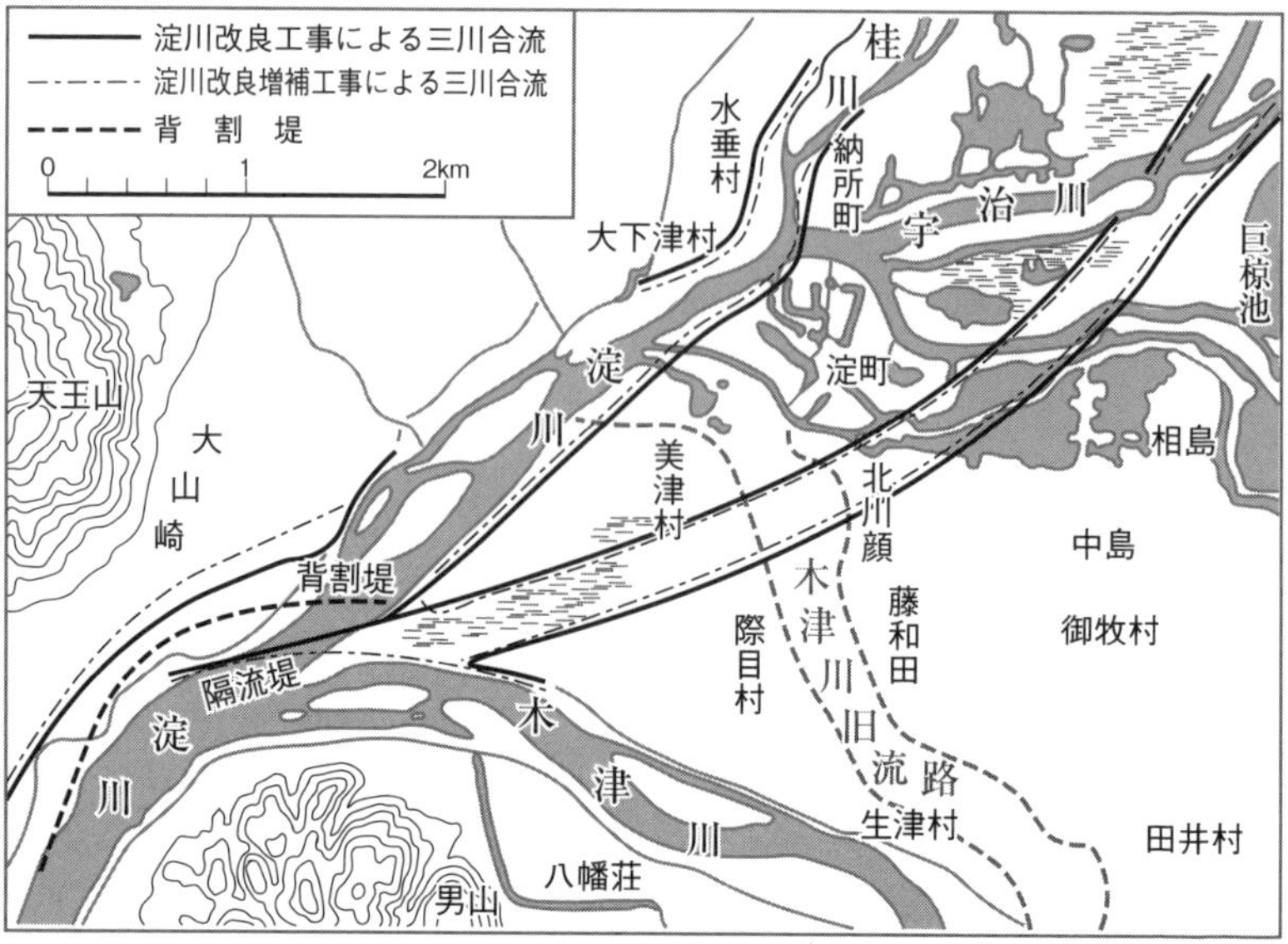

（『宇治市史』第四巻を参考に作成）

れの宴を催した。庄屋たちからは餞別が贈られ、正邦からは木杯が下げ渡されたという。他藩においては「藩主引き留め運動」などの動きも見られた。

藩主を失った旧藩士たちではあったが、明治十八年には藩主家の遺徳を偲ぶために、彼らが中心となって、家祖稲葉正成を祭神とする稲葉神社を本丸跡に創建した。大正十二年（一九二三）には、旧藩時代の資料を蒐集し、その資料をもとに淀藩研究を進めることを目的とした「澱城温故会」が組織され、旧藩士同士の親睦を深めるため、隔月一回の談話会と年一回の大会を開催した。なお、昭和六年（一九三一）の記録には、淀を中心に京都・大阪・東京に一一七人の会員を見ることができる。澱城温故会はその後、名称を淀温故会、稲葉神社崇敬会と変え、現在でも九月の下旬に例大祭とともに淀に関する講演会を行っている。

こうした淀藩や地域の歴史を語り継ぐ活動は近年、旧藩士家だけでなく、地域の人々へも広がりを見せている。そのひとつが、旧藩士家に所蔵されている史料の整理と解読を行う「淀藩古文書研究会」であり、同会ではその成果を自費出版の史料集として発刊するなど、その活動は『京都新聞』や『日本経済新聞』に取り上げられた。また、紙芝居サークル「淀みず車の会」は妙教寺を活動の拠点に、淀城の歴史や鳥羽伏見の戦いを題材とした紙芝居を作成し、各種イベントにおいて淀の歴史・文化をわかりやすく伝えている。

これらの活動は、地域の歴史や文化を次世代へと継承していく活動として大変重要である。今後は様々な活動を通じて、淀城跡をはじめとする地域の歴史遺産を活用した、個性ある町づくりが進められ、往時のように城下町のにぎわいが戻ることを期待したい。

あとがき

江戸時代の農村・豪農を中心に研究してきた私が本書の執筆依頼を快諾したのは、自らの出自に大きく関係している。私の母方は淀藩稲葉家の家臣の系譜を引く家で、稲葉家と同じく美濃国にその出自を求めることができるというから、かなり早い段階で稲葉家に付き従っていたようだ。そうしたこともあってか、のちには重用され、辻新兵衛長秀は家老職を務めた。

淀にあった家の二階には、古文書や刀、槍、古銭、家紋入りの提灯など先祖伝来の品々が置いてあり、幼かった私を江戸時代という未知の世界へといざなってくれる、まさに〝ワンダーランド〟であった。この二階へと上る階段は大変急であったため、伯父から「この階段は淀城の蔵の階段を移築したものだ」と教えられ、私は素直に「江戸時代のお城の遺構がわが家にあるなんてすごいなぁ」と驚いたことを覚えている。私は長い間、この話を信じていたのだが、淀の町は鳥羽伏見の戦いで焼けているので、この家もその後に建てられたものであり、伯父の話は冗談であったことを後年、知ることになる。ともあれ、私が歴史に興味を持ち、研究者として歩んでいくきっかけをつくったのは、淀の家であったと言っても過言ではない。

このようなことから、いつかは淀藩の歴史をまとめてみたいと考えていた。今回、その機会を得たが、執筆にあたっては困難の連続であった。まず、基本的な文献が非常に少ないことが壁となった。ほかの藩であれば該当地域を含む自治体史を一読すれば、大まかな歴史をつかむことができるのだろうが、本文中でも述べたように淀藩に関係する自治体は広範囲にわたる上、自治体史の記述も少ない場合が多く、淀藩の全体像を描くことは容易ではなかった。加えて、藩政史料が皆無であったことから、執筆にあたっては資料調査から始めるという気の遠くなるような作業から取り組んだ。しかし、幸い藩士の子孫の方のお宅に史料が残っていることがわかり、古文書を整理・解読することで執筆は少しずつではあるが進むことになった。

細かな資料を集めては構成を組み直し、古文書を解読してはその内容を文章にまとめるといった作業を繰り返したが、逆にそうした作業を行ったことで、これまでの書籍とは異なる、いきいきとした新たな淀藩像を描き出せたのではないかと自負している。

あわせて、淀藩について江戸時代の初期から幕末までを一冊で通覧でき、藩主の治世・藩の職制、城下町や領地の様子など多岐にわたる分野を一冊にまとめた本書の刊行は意義深いと考える。ただ、本書の刊行で淀藩研究が終わったわけではない。掲載しきれなかった資料もたくさんあり、淀藩研究は緒に就いたばかりだといえよう。今後は本書をもとに、研究が一層進展することを望むばかりである。

なお、本シリーズは逐一、出典を記さないことになっており、本書もそれに従い、主要な参考文献については巻末にまとめて挙げるにとどまっている。しかし、さきに述べた通り参考文献も多岐にわたっていることから、記載漏れがあった場合、先学のみなさんにはご寛恕を乞う次第である。

最後に、本書が刊行できたのは、当然のことながら私一人では力不足であり、多くの方々のご協力、ご支援の賜物と感謝している。なかでも、稲葉家十九代当主稲葉正輝氏、稲葉家菩提寺麟祥院竹本宗豊住職、妙教寺松井遠妙住職、藩士のご子孫、本書の内容についていろいろと相談に乗ってくれた叔父など、淀藩ゆかりの方々には絶えず温かいお言葉で励ましをいただき、史料の閲覧・使用についてもご高配を賜った。

また、資料の収集に時間がかかったことに加え、家庭の事情から原稿の提出や校正作業が大幅に遅れてしまったにもかかわらず、気長にお待ちいただいた現代書館の菊地泰博社長やスタッフのみなさん、校正に従事して下さった方々には大変お世話になった。

みなさまには記して心よりお礼申し上げ、筆を擱くことにしたい。

鳥羽伏見の戦いから一五〇年の節目の年に
大阪城の見えるわが家にて

常松　隆嗣

参考文献

日本史籍協会編『淀稲葉家文書』日本史籍協會、一九二六年

黒板勝美・国史大系編修会編輯『新訂増補 国史大系 徳川実紀』第八・九篇、吉川弘文館、一九六五・六六年

「淀古今真砂子」(『日本庶民生活史料集成』第八巻、三一書房、一九六九年所収)

文部省編『日本教育史資料』第一・八巻、臨川書店、一九六九・七〇年

児玉幸多校訂『近世交通史料集』第四集、吉川弘文館、一九七〇年

申維翰著 姜在彦訳『海游録』平凡社、一九七四年

「山城淀下津町記録」(『日本都市生活史料集成』第四巻、学習研究社、一九七五年所収)

ケンペル著 斎藤信訳『江戸参府旅行日記』平凡社、一九七七年

『新訂寛政重修諸家譜』第一〇、続群書類従完成会、一九八〇年

『守口市文化財報告書』第五冊、古文書菅相寺編、一九八八年

『淀領引継文書集』淀温故会、一九九〇年

京都市編『史料 京都の歴史』一六 伏見区、平凡社、一九九一年

やお歴民友の会古文書部会編『河内国高安郡淀領郡村役用留』一～一〇、やお歴民友の会古文書部会、一九九七～二〇一〇年

『大坂代官 竹垣直道日記』一～四、関西大学なにわ・大阪文化遺産学研究センター、二〇〇七～一〇年

京都市歴史資料館編『淀渡辺家所蔵朝鮮通信使関係文書』京都市歴史資料館、二〇一〇年

巨椋池土地改良区編『巨椋池干拓誌』巨椋池土地改良区、一九六二年

京都市編『京都の歴史』第三～七巻、学芸書林、一九七三～七五年

淀川百年史編集委員会編『淀川百年史』建設省近畿地方建設局、一九七四年

宇治市編『宇治市史』第二・四巻、宇治市役所、一九七四・七八年

吹田市史編さん委員会編『吹田市史』第二巻、吹田市役所、一九七五年

草津市編『草津市史』第二巻、草津市、一九八四年

久御山町史編さん委員会編『久御山町史』第一・二巻、久御山町、一九八六・八九年

成田市史編さん委員会編『成田市史』中世・近世編、成田市、一九八六年

大阪府史編集専門委員会編『大阪府史』第七巻 近世編三、大阪府、一九八九年

千葉県史料研究財団編『千葉県の歴史』通史編 近世一・二、千葉県、二〇〇七・〇八年

澱城温故会編輯『澱城温故会報告』全一四冊、一九二六～三九年

朝尾直弘『近世封建社会の基礎構造―畿内における幕藩体制―』御茶の水書房、一九六七年

『新編 物語藩史』第八巻 近畿地方の諸藩二、新人物往来社、一九七七年

佐々木克『戊辰戦争―敗者の明治維新―』中央公論社、一九七七年

『日本城郭大系』第一一巻、新人物往来社、一九八〇年

脇田晴子『日本中世都市論』東京大学出版会、一九八一年

三浦圭一「日本中世後期の港湾都市」『立命館史学』三、一九八二年

野外歴史地理学研究所編『琵琶湖 淀川 大和川―その流域の過去と現在―』大明堂、一九八三年

足利健亮『中近世都市の歴史地理』地人書房、一九八四年

小林保夫「淀津の形成と展開―淀十一艘の成立をめぐって―」『年報 中世史研究』九、一九八四年

須田 茂「淀藩下総領の構造と陣屋支配」『幕藩制社会解体期の研究』国書刊行会、一九八五年

石田孝喜『写真でみる維新の京都』新人物往来社、一九八六年

矢守一彦編『城下町の地域構造』名著出版、一九八七年

『藩史大事典』第五巻 近畿編、雄山閣出版、一九八九年

鏑木行廣「淀藩下総領大森陣屋と飛地支配」三浦茂一先生還暦記念会編『房総地域史の諸問題』国書刊行会、一九九一年

西川幸治編『淀の歴史と文化』淀観光協会、一九九四年

横田冬彦「『非領国』における譜代大名」『地域史研究』二九-二、二〇〇〇年

下重 清『稲葉正則とその時代―江戸社会の形成―』夢工房、二〇〇二年

石原 力「南小柿寧一とその家系」『日本医史学雑誌』五一―二、二〇〇五年

中井裕子「淀藩稲葉氏治世期の藩役人便覧」『八尾市立歴史民俗資料館研究紀要』一九、二〇〇八年

榎隆敏「淀藩稲葉家治世期の宗門改について」(関西大学大学院修士論文)二〇〇七年

佐藤泰史『鳥羽伏見戦争史を疑う 淀藩は徳川を裏切ったか』二〇一〇年

野口武彦『鳥羽伏見の戦い―幕府の命運を決した四日間―』中央公論新社、二〇一〇年

畑文書を読む会編『畑家俳諧文書目録』二〇一一年
今井康之『古文書でたどる安食の歴史』二〇一一年
水谷憲二『戊辰戦争と「朝敵」藩―敗者の維新史―』八木書店、二〇一一年
常松隆嗣ほか『枚方の歴史』松籟社、二〇一三年
『麟祥院と春日局』麟祥院
『淀城跡調査概要』I、伏見城研究会、一九八七年
花園大学歴史博物館展示図録『春日局ゆかりの寺　麟祥院展』二〇〇八年
文部科学省グローバル COE プログラム「日本文化デジタルヒューマニティーズ」拠点（立命館大学）展示図録『花供養と京都の芭蕉』二〇一〇年
碧南市藤井達吉現代美術館展示図録『碧南が生んだ戦国武将　永井直勝とその一族』二〇一二年
『淀城跡天守台発掘調査報告書』伏見城研究会、二〇一七年

［各項ごとに発行年順］

協力者

稲葉正輝
大東須賀
小林可奈
小林君子
高野瀬高明
竹林直彦
竹林美代子
竹本宗豊（麟祥院）
辻　長治
畑　忠良
松井遠妙（妙教寺）
渡辺辰江
稲葉神社
財団法人守口文庫
八尾市立歴史民俗資料館
淀藩古文書研究会
花園大学歴史博物館
桑名市博物館
神奈川県立歴史博物館
京都市メディア支援センター
照源寺
興聖寺
東京大学史料編纂所
函館市中央図書館
印西市教育委員会
山口県立萩美術館・浦上記念館
京都市立明親小学校
吉志部神社
吹田市教育委員会
静岡県立美術館
碧南市教育委員会
諏訪間順
舞鶴市教育委員会

［敬称略］

常松隆嗣（つねまつ・たかし）
一九七〇年、大阪府枚方市生まれ。関西大学大学院文学研究科博士課程後期課程修了、博士（文学）。歴史研究者。専門は近世史で、関西大学・大阪商業大学などにおいて日本史関連の講義を担当。主要な著書に『近世の豪農と地域社会』（単著、和泉書院、二〇一四年）、『枚方の歴史』（共著、松籟社、二〇一三年）、『近代移行期の名望家と地域・国家』（共著、名著出版、二〇〇六年）などがある。

シリーズ藩《はん》物語《ものがたり》 **淀藩《よどはん》**

二〇一八年五月二十日 第一版第一刷発行

著者――常松隆嗣
発行者――菊地泰博
発行所――株式会社 現代書館
東京都千代田区飯田橋三―二―五 郵便番号 102―0072 http://www.gendaishokan.co.jp/
電話 03―3221―1321 FAX 03―3262―5906 振替 00120―3―83725
組版――デザイン・編集室 エディット
装丁基本デザイン――中山銀士
装丁――伊藤滋章
印刷――平河工業社（本文）東光印刷所（カバー・表紙・見返し・帯）
製本――鶴亀製本
編集――加唐亜紀
編集協力――黒澤 務
校正協力――高梨恵一

 ISBN978-4-7684-7148-7

江戸末期の各藩

松前、**八戸**、七戸、黒石、**弘前**、**盛岡**、**一関**、秋田、亀田、本荘、秋田新田、仙台、松山、**新庄**、**庄内**、天童、長瀞、**山形**、上山、**米沢**、米沢新田、相馬、福島、**二本松**、三春、**会津**、**守山**、棚倉、平、湯長谷、泉、**村上**、黒川、三日市、**新発田**、村松、三根山、与板、**長岡**、椎谷、**高田**、糸魚川、松岡、笠間、宍戸、**水戸**、下館、結城、**古河**、下妻、府中、土浦、麻生、谷田部、牛久、大田原、黒羽、烏山、喜連川、**宇都宮・高徳**、壬生、吹上、**足利**、佐野、関宿、高岡、佐倉、小見川、多古、一宮、**生実**、鶴牧、久留里、大多喜、請西、飯野、佐貫、勝山、館山、岩槻、忍、岡部、**川越**、沼田、前橋、**伊勢崎**、館林、高崎、吉井、小幡、安中、七日市、飯山、須坂、**松代**、**上田**、**小諸**、岩村田、田野口、**松本**、諏訪、**高遠**、飯田、金沢、荻野山中、小田原、**沼津**、小島、田中、掛川、**相良**、横須賀、浜松、富山、加賀、大聖寺、郡上、高富、苗木、岩村、加納、大垣、高須、今尾、犬山、挙母、岡崎、西大平、西尾、吉田、田原、大垣新田、尾張、**刈谷**、西端、長島、**桑名**、神戸、菰野、亀山、津、久居、鳥羽、宮川、彦根、大溝、山上、西大路、三上、膳所、水口、丸岡、勝山、大野、**福井**、鯖江、敦賀、小浜、**淀**、新宮、田辺、紀州、峯山、宮津、田辺、綾部、山家、園部、亀山、福知山、柳生、柳本、芝村、郡山、小泉、櫛羅、高取、高槻、麻田、丹南、狭山、岸和田、伯太、豊岡、出石、柏原、篠山、尼崎、三田、三草、明石、小野、姫路、林田、安志、龍野、山崎、三日月、赤穂、鳥取、若桜、鹿野、**津山**、勝山、新見、岡山、庭瀬、足守、岡田、岡山新田、浅尾、松山、鴨方、福山、広島、広島新田、高松、丸亀、多度津、西条、小松、今治、松山、**大洲・新谷**、**伊予吉田**、**宇和島**、徳島、**土佐**、土佐新田、**松江**、広瀬、母里、浜田、津和野、岩国、徳山、長州、長府、清末、小倉、小倉新田、**福岡**、**秋月**、**久留米**、柳河、三池、蓮池、唐津、**佐賀**、小城、鹿島、大村、島原、平戸、平戸新田、**中津**、杵築、日出、**府内**、臼杵、**佐伯**、森、**岡**、熊本、熊本新田、宇土、人吉、延岡、高鍋、佐土原、飫肥、薩摩、対馬、五島（各藩名は版籍奉還時を基準とし、藩主家名ではなく、地名で統一した）

★**太字は既刊**

シリーズ藩物語・別冊『それぞれの戊辰戦争』（佐藤竜一著、一六〇〇円＋税）

江戸末期の各藩
（数字は万石。万石以下は四捨五入）